Für Antonia

Andrea von Treuenfeld

JÜDISCH JETZT!

Junge Jüdinnen und Juden über ihr Leben in Deutschland

Inhalt

Vorwort

»Du musst nicht unbedingt sagen, dass du Jude bist«, haben sie immer wieder gehört. Aber anders als ihre Eltern, die noch bemüht waren, ihr Jüdischsein zu verdecken, will die Generation der Mittzwanziger bis Mittvierziger nichts mehr verstecken. Im Gegenteil, sie will gesehen werden, wahrgenommen werden. Was schwierig genug ist, denn nur 100.000 (in den Gemeinden organisierte) bis 200.000 Jüdinnen und Juden leben in Deutschland. Und so gilt »Ich habe noch nie einen Juden getroffen« nach wie vor für die nichtjüdische Mehrheit – ebenso wie ihr häufig aus der Unkenntnis resultierendes Festhalten an uralten Klischees.

Wie aber stellt sich jüdisches Leben im heutigen Deutschland dar? Ist es tatsächlich sichtbar? Oder bleibt es überwiegend in der oft zitierten Bubble? Wie fühlen sich Jüdinnen und Juden in diesem Land? Und überhaupt, was ist eigentlich jüdisch? Eine Frage, auf die es nicht die *eine* Antwort gibt: »Religion« sagen die einen, »Kultur« die anderen, »Tradition« die dritten. Jüdischsein setzt sich zusammen aus vielen Identitäten.

Und so haben auch die 26 von mir für dieses Buch befragten Jüdinnen und Juden – denen ich dankbar bin für ihr geschenktes Vertrauen – sehr differenzierte Definitionen für sich gefunden. Weil sie säkular sind, observant oder streng orthodox; weil sie hier geboren oder als sogenannte Kontingentflüchtlinge aus den Staaten der ehemaligen Sowjetunion oder auch aus Israel oder Amerika gekommen sind und deshalb die Erfahrungen der Migration in sich tragen. Allen gleich ist jedoch, dass sie in der Öffentlichkeit stehen – ob als Politiker oder Dirigent, Schriftstellerin oder Unternehmerin, Rapper oder Militärrabbiner, Moderatorin oder Malerin.

Ihre Geschichten sind die einer multikulturell geprägten Generation, die eben diese neue Selbstverständlichkeit verkörpert. Schon deshalb unterscheidet sich ihr Leben von dem ihrer Eltern. Unterscheidet es sich auch von dem der nichtjüdischen Gleichaltrigen? Und wenn ja, in welchen Momenten, durch welche Erfahrungen?

Vermeiden wollte ich in den Gesprächen jene drei Begriffe, mit denen Jüdinnen und Juden immer noch in Verbindung gebracht werden: Shoa, Antisemitismus und Nahost-Konflikt. Aber auch wenn sie sich offensiv dagegen wehren, auf diese Stereotype reduziert zu sein, bleibt zumindest der Antisemitismus ein allgegenwärtiges und bedrückendes Thema. Laut einer im Januar 2022 veröffentlichten Studie des Jüdischen Weltkongresses gilt für Deutschland: Jeder fünfte Erwachsene und jeder Dritte unter 25 Jahren denkt antisemitisch.

Angriffe, Übergriffe haben auch die meisten der Protagonist*innen dieses Buches erlebt, ihr persönlicher Umgang damit ist jedoch ebenso unterschiedlich wie die Schwerpunkte, die sie gesetzt haben. Es sind ihre originären Erzählungen, von mir nur in chronologischer, schlüssiger Form niedergeschrieben, die einen kleinen Ausschnitt der Vielfalt des jüdischen Lebens in Deutschland widerspiegeln.

Worte, deren Bedeutung sich nicht aus dem Text erschließt, finden sich, wie viele andere Begriffe des Judentums, mit Erklärungen in dem ausführlichen Glossar.

Andrea von Treuenfeld

NOAM BRUSILOVSKY

Geboren am 22. April 1989 in Haifa, Israel
Theater- und Hörspielautor und -regisseur
Lebt in Berlin

MEIN JÜDISCHSTER MOMENT?

Es gibt so viele jüdische Momente im Leben. Beerdigungen sind für mich sehr jüdisch. Ich habe neulich ein Grab gekauft. Eine Grabstelle auf dem Friedhof in Berlin-Weißensee. Das war ein sehr jüdischer Moment.

Es war nicht von heute auf morgen, natürlich nicht, dass ich nach Deutschland gegangen bin. In Israel war ich auf einer renommierten Kunstschule, habe dort Theater studiert und schon zur Abschlussarbeit hin gesehen, dass das nicht dem Niveau entspricht, das ich gern in Zukunft machen würde. Nach dem Abitur war ich schon in Berlin und sehr begeistert davon, dass es andere Arten, Theater zu machen, gab, die es in Israel nicht gab und wahrscheinlich immer noch nicht gibt. Es war noch vor meinem Militärdienst und ich dachte, es wäre wirklich schön, wenn ich danach nach Berlin ziehen könnte. Und in diesem Moment habe ich auch angefangen, Deutsch zu lernen. Dann war ich beim Militär, drei Jahre, und auch das war wie ein Abschluss mit diesem Land: Ich habe mich so beraubt gefühlt in den besten Jahren meines Lebens, dass ich dachte, ich habe meine Pflicht erledigt, mehr möchte ich für dieses Land nicht tun.

2012 bin ich in Berlin angekommen, direkt zu meiner Immatrikulation an der ›Hochschule für Schauspielkunst Ernst Busch‹, um Theaterregie zu studieren. Damals war es mir noch nicht so klar, dass ich wirklich weggehe aus Israel. Ich dachte, ich studiere und dann sind alle Optionen offen. Aber spätestens nach zwei, drei Jahren war es keine Frage mehr, dass ich bleibe. Weil mir Berlin damals wahnsinnig liberal erschien, weil ich es schon als Neunzehnjähriger als cool empfunden hatte. Es war – und ist es noch – die Zeit, in der die Stadt Leute aus der ganzen Welt angezogen hat. Die Tatsache, dass ich jüdisch bin oder dass ich aus Israel komme, spielt keine Rolle. Ich sehe mich eher als Teil einer globalen Einwanderung von jungen Menschen. Es ist keine Rückkehr, wie bei anderen. Ich habe keine Wurzeln hier. Meine Eltern sind beide in Argentinien geboren und 1981 nach

Israel gegangen. Die Familie kommt also ursprünglich nicht aus Deutschland, hat keine Holocaust-Geschichte. Daher führe ich keine Beziehung auf dieser Ebene an diesem Ort. Berlin ist einfach the place to be.

Hinter meinem Rücken wird es oft gefragt, habe ich gehört, doch die Leute trauen sich nie, mich direkt zu fragen: »Und, waren deine Vorfahren im Holocaust?« Aber man protzt mit allem, was man über das Judentum weiß. Und man hat israelische Freunde oder man kocht so gern aus einem israelischen Kochbuch. Die deutsche Liebe für Israel und Israelis ist eine Art Obsession. Und das macht mir Angst. Gefühle sind etwas sehr Subjektives und sie ändern sich auch ständig. Deshalb habe ich ein Problem mit »We love Israel« oder – noch schlimmer – »Wir lieben Juden«. Weil, wenn die Liebe aufhört, es da andere Emotionen gibt. Deshalb möchte ich nicht auf einer Sprachebene Gefühle und Emotionen thematisieren. Ich möchte Grundrespekt. Das ist der Begriff, der mich interessiert, und weniger die Emotionen. Ich kenne viele Privatpersonen, die ich liebhabe, aber keine gesellschaftlichen Gruppen. Diese Liebe für Juden ist eine Selbstinszenierung und der Subtext lautet: ›Ich bin ganz korrekt, ich bin total im Mainstream; ich mache es so, wie Steinmeier es von mir möchte, wie Angela Merkel es mir beigebracht hat.‹ Das deutsche Moralisierende, Erzieherische stellt sich an die richtige Seite.

Das ist eine Selbstverständlichkeit, die unfair ist, wenn man dadurch palästinensische Demonstrationen verbieten will. Ich muss mit dem dort Gesagten nicht einverstanden sein, aber man muss es erst mal geschehen lassen. Und wenn in dem Verlauf der Demonstration jemand etwas Verbotenes macht, dann muss er dafür die Konsequenzen tragen. Wie funktioniert eine Demokratie sonst? Aushalten. Toleranz. Sonst wird mir auch irgendwann das Recht entzogen, demonstrieren zu gehen. Es ist ja kein Gefallen, den man Menschen tut, es ist ein Grundrecht. Und das sage ich als deutscher Staatsbürger, der ich seit 2022 bin. Theoretisch könnte ich jetzt auch Bundeskanzler werden.

Ich hatte eine uneingeschränkte Aufenthaltsgenehmigung, deshalb war es nicht wirklich wichtig für mich, den deutschen Pass zu beantragen. Aber da Israelis nicht auf ihren israelischen Pass verzichten müssen, und weil mir mal eine Holocaust-Überlebende gesagt hat, es sei gut, viele Reisepässe in der Tasche zu haben, habe ich es aus pragmatischen Gründen gemacht. Nicht, weil es mein Gefühl Deutschland gegenüber verändert hat. Nur, weil ich das konnte und noch mehr Privilegien haben wollte in einer Welt, in der Privilegien Zugang zu Ressourcen bedeuten.

Ich bin also deutscher Staatsbürger, das ist keine Frage. Ich bin auch israelischer Staatsbürger, das ist auch keine Frage. Ob ich Israeli bin? Ich definiere mich nicht so. Aber die Einrichtungen, für die ich arbeite, protzen damit sehr gern. In jedem Programmheft oder auf der Website eines Theaters oder eines Senders steht immer »Der israelische Regisseur Noam Brusilovsky«. Als wäre es ein Qualitätsmerkmal meiner Arbeit.

Meine Arbeit ist immer die Spiegelung von Begegnungen, von Geschichten, die ich sammle. Von Menschen, die mich inspirieren, von ihren Lebenssituationen und was sie so besonders macht. Meine Arbeit spiegelt oft unerhörte Geschichten wider von Menschen, die nicht genug repräsentiert werden in den Medien, in denen ich arbeite. Meine Arbeit spiegelt auch meinen Status als oftmals einziger Ausländer wider, der eine komplett andere Sprache spricht. Der sich immer als Gast fühlt und nicht als einer, der da hingehört.

In diesem Regieberuf arbeitet man fast immer als Gast. Ich bin quasi ein Wanderer, zwei Monate in Klagenfurt, zwei Monate in München, danach eine Produktion in Stuttgart, dann eine in Köln. Dadurch gehöre ich nie ins System sowohl im konkreten Sinn als auch im übergeordneten symbolischen Sinn. Ich bin nicht nur bei meiner Arbeit Gast, ich habe auch das Gefühl, ich bin zu Gast in diesem Land. Weil ich viele grundlegende Dinge nicht teile mit Menschen, die hier geboren wurden. Weil ich andere Kindheitserinnerungen habe. Weil, wenn an einem Geburtstag ein Lied gesungen wird wie ›Wie schön, dass du geboren bist‹, es mir total fremd ist. Weil ich keine Erinnerungen an deutsche Fernsehshows aus der Kindheit habe. Und weil ich ungern zu Hause meine Schuhe ausziehe; ich kannte das von nirgendwo auf der Welt, dass man das macht. Und weil mir das alles immer wieder signalisiert: Du bist nicht von hier.

Ich werde als Ausländer erkannt, nicht als Jude. Obwohl ich der Prototyp des Judentums bin. Aber Deutsche haben keinen Kontakt zu Juden, wissen nicht mal, wie ein Jude aussieht. Ich erkenne Juden sofort und Israelis sowieso, schon aus der Entfernung. Das ist eine kulturelle Sache, das ist nicht nur das Physische, die Klamotten, wie sie sie tragen, die Körpersprache, wie sie sich bewegen. Alle Frauen bewegen sich so, als hätten sie eine große Waffe dabei.

Wie oft habe ich schon »Du Scheißausländer!« gehört. Mittlerweile bin ich ein bisschen deutsch, sodass ich angefangen habe, Menschen zu erziehen, was richtig ist und was falsch ist. Wenn ich zum Beispiel sehe, dass jemand seinen Kaffeebecher auf die Straße wirft. Das kann mich wahnsinnig machen. Dann gehe ich zu der Person und sage: »Haben Sie nicht vor, den Becher zu entsorgen?« Das ist oft so ein deutscher Opa, ein kleiner Goebbels, und der sagt mir: »Geh dahin zurück, wo du herkommst!« Und was meint er damit? Es sind meine Straßen, nicht deine. Du bist hier zu Gast. Das passiert mir ständig.

Trotzdem habe ich mir ein Grab auf dem Jüdischen Friedhof in Weißensee gekauft. Ich finde ihn sehr schön, aber er ist ziemlich voll und in ein paar Jahren wird es da keine Grabstelle mehr geben. In Israel ist es noch schlimmer. Die Bevölkerung wächst und wächst und die Friedhöfe sind überfüllt. Jetzt haben sie angefangen, Menschen nicht mehr unter der Erde zu begraben, sondern in Schränken an Wänden. Das finde ich furchtbar.

Ich möchte es richtigmachen und eine streng orthodoxe Beerdigung haben. Keinen liberalen Rabbiner, sondern einen mit Bart und Hut. Weil das ein sehr schönes Ritual ist und mir auch vertraut. Es geht dabei nicht um Authentizität oder um schöne Worte oder um Singularität, wie bei einem protestantischen Begräbnis, bei dem ein Trauerredner, der dich gar nicht kannte, eine halbe Stunde über dich redet, als wäre es ganz, ganz persönlich, weil er 20 Minuten mit einem Angehörigen gesprochen hat.

Nein, im Orthodoxen gibt es einen Kanon von Gebeten, die gesagt werden müssen – und das war's. In einer Zeit, in der Menschen nicht richtig wissen, was sie sagen sollen, ist das wunderbar. Bei deutschen nichtjüdischen Beerdigungen geht es um die Eleganz, um die Schönheit. Bei jüdischen Beerdigungen geht es um das Hässliche. Man versucht nicht, Sachen schöner zu machen. Die Leiche wird in ein Tuch gewickelt, dann wird sie in das

Grab gelegt. Es ist einfach the way it leaves und nicht schön. Ich mag diese ungeschmückte Art. Eine jüdische Beerdigung ist gar nicht kitschig.

Auf dem jüdischen Friedhof ein Grab zu kaufen, ist also eine gute Investition. Viel besser als eine Wohnung, denn ein Grab ist eine Immobilie für die Ewigkeit. Und da lässt man sich begraben mit diesem spektakulären Stück Geschichte des Berliner Judentums und Komponisten wie Louis Lewandowski und Soldaten des Ersten Weltkrieges. Ich möchte damit in den Geschichtsbüchern der Berliner Juden dazugehören.

© Michael Bezman

SVETA KUNDISH

Geboren am 9. Juli 1982 in Tschernobyl, Ukraine
Kantorin, Sängerin
Lebt in Berlin

MEIN JÜDISCHSTER MOMENT?

Auf einem Klezmer-Festival in Moskau. Ich habe dort gesessen und mir gedacht: ›Diese Musik und diese Kultur ist wie ein Kleid, das für mich gemacht wurde. Wie ich aussehe, was meine Mentalität ist, wie ich spreche, welche Speisen ich liebe, welche Musik mich bewegt, was meine Werte sind – das ist mein Kleid.‹ In dem Moment habe ich die Entscheidung getroffen: Das ist mein Weg.

Wenn ich mich vorstelle und sage, dass ich als Kantorin amtiere, ist die erste Frage sehr häufig: »Darf eine Frau das überhaupt?« In Israel habe ich einmal dem Taxifahrer erzählt, was ich beruflich mache. Da hat er angehalten und gesagt: »Raus aus meinem Auto!« Und in einer deutschen Gemeinde, in der ich als Kantorin zu Gast war, hat ein Mann zu mir gesagt: »Wie können Sie sich trauen, bei der Bima zu stehen und eine Thora anzufassen? Sie sind doch unrein, Sie sind eine Frau. Sie haben einmal im Monat Menstruation, da ist es verboten, einen Mann anzufassen, die Thora anzufassen, überhaupt in die Synagoge zu gehen.« – »Hören Sie mir gut zu«, habe ich ihm geantwortet. »Wegen dieser Unreinheit sind Sie auf die Welt gekommen, wegen dieser Unreinheit gibt es Menschen und Leben. L'dor va'dor – von Generation zu Generation geht das jüdische Leben weiter wegen dieser Unreinheit.«

Es gibt überall Diskriminierungen gegen Frauen, das wissen wir sehr gut. Aber persönlich war ich ihnen bis dahin niemals begegnet. Das waren Geschichten von Freundinnen oder in den Medien. Heute bin ich sehr dankbar für diese Erfahrung. Immer wieder muss ich mich mit diesem Thema auseinandersetzen und das hat mir die Wut und die Kraft gegeben, weiterzugehen. Ich habe begriffen: Ich muss besser sein als meine männlichen Kollegen. So einfach ist das. Ich habe hart gearbeitet in den fünf Jahren meiner Ausbildung, immer mit dem Gedanken: Wenn ich einen Job suche, darf kein Zweifel an mir bestehen.

Aber es verändert sich etwas in Deutschland. Bis Anfang 2000 waren die meisten jüdischen Gemeinden in Deutschland orthodox, inzwischen gibt es mehr liberale. Und auch ein paar Kantorinnen. Trotzdem, es ist für Männer leichter. Denn wenn ich mich vorstelle, ist man eben entweder überrascht oder will etwas Beleidigendes sagen. Ich musste noch nach meinem Abschluss ein ganzes Jahr auf meine Investitur warten und bin dann 2018 Kantorin geworden.

Am Ende des ersten Jahres meiner Ausbildung habe ich ein Praktikum in der Jüdischen Gemeinde in Braunschweig gemacht. Sie hatte schon 1995 die erste Rabbinerin nach dem Krieg angestellt, das war ein großer Skandal. Es hatte also schon eine Vorbeterin gegeben, aber eine Kantorin? Die Gemeinde war ein bisschen verzweifelt, dass ich da war, dennoch war es sofort eine gute Beziehung. Und ich bin einfach geblieben und habe ein paar Jahre später die Leitung der Liturgie übernommen. Heute bin ich vor allem eine Vorsängerin, lese die Psalmen, die Gebete aus der Thora und dem Prophetenbuch mit verschiedenen Melodien. Und außerdem bin ich Sozialarbeiterin, begleite Leute bei Hochzeiten und Begräbnissen, besuche Kranke, bereite aber auch Jugendliche auf ihre Bar Mizwa oder Bat Mizwa vor und unterrichte sie. Sehr viele Aufgaben eines Rabbiners oder einer Rabbinerin überschneiden sich in diesem Bereich mit denen des Kantors oder der Kantorin. Es geht nicht nur um schöne Musik und Gebete. Man organisiert das Gemeindeleben, ist Seelsorgerin und arbeitet mit Menschen.

Aber jüdisch war nicht immer ein Thema. Ich bin in Tschernobyl geboren und war vier Jahre alt, als die Tragödie, der Reaktorunfall, passierte. Wir mussten fliehen, waren kurz in Lettland und sind dann zurückgegangen in die Westukraine. Mein Vater war Offizier, kein typischer Beruf für jüdische Leute, denn es gab viel Diskriminierung. Deswegen waren jüdische Bräuche kein Thema und kein Teil vom Alltag. Bei den Großeltern war das ein wenig anders, aber Religion spielte auch bei ihnen keine Rolle, obwohl beide sehr orthodox aufgewachsen sind. Einer meiner Urgroßväter war Kantor und Vorbeter. Nach der Revolution, als es öffentlich nicht mehr erlaubt war, hat er heimlich zu Hause gebetet und auch Minjan versammelt. Und zu Pessach hat man heimlich Mazzot gebacken. Aber die Familie hat das mit der Zeit hinter sich gelassen, weil es zu gefährlich war, insbesondere mit kleinen Kindern, die im Kindergarten, in der Schule etwas hätten erzählen können.

Aber Jiddisch und jiddische Lieder als letzter Bestandteil dieser Tradition waren immer im Hintergrund der Familie. Die Großeltern haben untereinander nur Jiddisch gesprochen, es ist die Muttersprache meiner Mama. Ich stamme also nicht nur aus einer Familie von Jiddisch Sprechenden, sondern auch aus einer sehr musikalischen Familie. Meine Großeltern waren unglaublich gute Volksliedsänger, und meine Mama und ihr Bruder sind Musiker geworden. Als es in den Neunzigerjahren wieder erlaubt war, jüdisch zu sein und sich jüdische Gemeinden bildeten und es plötzlich jüdische Theaterstücke und Purim-Spiele und Veranstaltungen mit Musik gab, war meine Mama eine der ersten Künstlerinnen in der Westukraine, die jiddische Lieder sang. Sie war auch meine erste Musiklehrerin. Deshalb hat sie mich sehr unterstützt, als ich im Gymnasium in Israel – 1995 sind wir nach Holon in die Nähe von Tel Aviv gezogen – Jiddisch als zweite Fremdsprache gewählt habe. Es war ein Kunst-Gymnasium und ich habe klassische Musik gelernt, Piano und Gesang. Aber auch in Israel ist Jiddisch nicht populär und nicht beliebt. Es ist sowieso sehr schwer, in Israel von der Musik zu leben, noch dazu von jiddischer, von Klezmer-Musik. Ich habe mich dann auf klassische Musik fokussiert. Ich hatte einen Traum und wusste, diesen Traum kann ich nur irgendwo anders erfüllen. 2007 bin ich deshalb nach Wien gegangen.

Ich konnte kein Deutsch, aber Jiddisch hat mir sehr geholfen. Und dann habe ich auf der Straße ein Plakat mit Werbung für ein Konzert eines jüdischen Chors gesehen. Ich habe recherchiert und gesehen, sie singen viele jiddische Lieder. Da habe ich mir gedacht: Sveta, du hast keine Freunde hier und momentan auch kein Hobby, vielleicht wäre es nicht schlecht, du singst jiddische Lieder und hast Spaß. Der Dirigent hat nicht erwartet, dass ich eine professionelle Sängerin bin – ich war schon Opernsängerin, auf dem Weg zur Opernbühne – und auch nicht, dass ich so viel Erfahrung mit Hebräisch und mit Jiddisch habe. Er hat mich sofort eingeladen, ein paar Tage später mit ihm nach Moskau zu fliegen zu einem Klezmer-Festival.

Und dann war ich in Moskau auf diesem Klez-Fest – und es war der Schock meines Lebens. Ich konnte nicht glauben, dass ich nach so vielen Jahren des Recherchierens und Übens keine Ahnung hatte von dieser Jiddisch-Welt. Keine Ahnung hatte von dieser internationalen Community. Heute sind diese Leute meine besten Freunde, mit ihnen habe ich meine Hauptprojekte. Diese Atmosphäre und die Musik und die Kreativität und die Lebensfreude – das war wirklich eine Offenbarung. Innerhalb von zwei, drei Tagen hat sich die Vorstellung von meinem beruflichen Leben um 180 Grad gedreht.

Später, als ich schon jiddische Lieder sang, habe ich Musikaufnahmen von meinem Großvater gefunden. Es gibt das schöne jiddische Wort »jiches« – das ist etwas, was du von deiner Familie bekommst. Ich hatte bis zu dem Zeitpunkt viele Sachen vergessen, hatte gedacht, ich singe diese Lieder, weil es mir passt. Aber da habe ich gemerkt, dass ich einfach das weitermache, was die frühere Generation schon gemacht hat. Und je tiefer ich in das jiddische Lied und die jiddische Welt und Kultur gegangen bin, umso mehr habe ich verstanden.

Ich hatte keine Ahnung von Religion, auch nach dreizehn Jahren nicht, die ich in Israel verbracht habe. Ich habe immer von Religion Abstand gehalten. Irgendwann aber habe ich gemerkt, ich kann das jiddische Lied nicht verstehen, ohne mich mit Religion auszukennen. Man kann nicht bloß Lieder lernen, man muss die Geschichte verstehen, die Tradition, die Küche, die Tänze – und eben auch die Religion. Religion und religiöse Begriffe sind ein Teil der Sprache und der Lieder. Ohne den Kontext zu kennen, kann man nicht wirklich begreifen, um was es geht. Die Kantoren-Musik und die liturgische jüdische Musik waren immer meine Leidenschaft. Seit ich achtzehn war, habe ich Aufnahmen gehört, aber nicht sehr viel verstanden, weil die Sprache ja auch so anders ist, es ist kein modernes Hebräisch. Ich habe es gehört als schöne Musikstücke, schöne Stimmen, schöne Melodien, aber nicht gewusst, was für ein Teil der Liturgie das ist oder zu welchem Zweck und zu welchem Feiertag man dieses oder jenes Gebet singt.

Im Sommer 2011 war ich beim Yiddish Summer in Weimar. Dort hörte ich von der Kantoren-Ausbildung am Abraham Geiger Kolleg in Potsdam und dachte: Das ist genau, was ich will. Ich hatte schon sehr viele Freunde in Berlin, und die jiddische Szene und die Klezmer-Gemeinde ist dort ganz prächtig. Während meines Studiums hatte ich schon das starke Gefühl gehabt, dass beide Musikrichtungen sich beeinflussen, einander bereichern.

Und ich brauche beide. Auch wenn es sehr viele Konflikte schafft, denn das Religiöse und das Künstlerische, sie gehen nicht Hand in Hand. Es ist sehr schwer, eine Balance, einen Kompromiss zu finden. Denn ich bin so frei in Gedanken und so liberal – aber wenn ich auf meine eigene Religion schaue, dann finde ich sehr viele Sachen, die ich nicht akzeptieren will. Es ist dumm und diskriminierend, wenn zum Beispiel koscherer Wein nur von jüdischen Personen gemacht sein kann, sonst ist er unkoscher. Und wenn eine nichtjüdische Person die Flasche öffnet, wird der Wein dadurch auch unkoscher. Also bitte! Als Künstlerin und als moderner Mensch und als jemand, der nicht mit Religion aufgewachsen ist, muss ich mit einer Lupe kommen und sagen: »Das ja, das nein.« Das ist schon eine andere Welt, und es ist oft für mich unglaublich schwierig. Aber ich sage: »Okay, das ist die Tradition meiner Vorfahren und deshalb mache ich es.« Das hilft mir, sehr vieles auch zu akzeptieren.

Als ich damals meinen Eltern gesagt habe, ich will eine Kantoren-Ausbildung anfangen, waren sie ein bisschen nervös. Sie wussten nicht, was das heißt. Weil sehr viele Israelis und auch ehemalige sowjetische Juden sich mit liberalem Judentum nicht auskennen. Es gibt mindestens 80 liberale Gemeinden in Israel, aber man sieht sie nicht, sie sind sehr klein, sie werden vom Staat nicht finanziell unterstützt. Was man sieht, ist orthodoxes Judentum. Deswegen also haben meine Eltern sich sehr große Sorgen gemacht.

Ich habe ihnen viel erklärt und erzählt, was ich alles lerne. Ein sehr wichtiger Moment war, als ich den ersten Seder in meiner Familie gemacht habe. Meine Eltern waren ein bisschen überrascht, aber sie haben sich gefreut. Es hat nicht alles gleich total gut geklappt. Aber diese Idee von Tradition, die in der Sowjetunion versteckt und gelöscht wurde, ist eben doch nicht verschwunden. Sie kommt sozusagen aus einer anderen Ecke, durch eine andere Tür zurück. Und wenn meine Großeltern meinen Eltern nicht beibringen konnten, wie man Pessach feiert, dann mache ich das, eine Generation später.

Jetzt habe ich ein kleines Kind, und da ist es meine Rolle, ihm beizubringen, wie ich das sehe und wie ich das liebe. Und zu erklären, was ist wichtig, was ist nicht wichtig. Ich will, dass mein Sohn die Tradition lernt in ihrer ursprünglichen Form und gleichzeitig weiß, dass dieser Ursprung vor 3.000 Jahren geschrieben wurde. Es ist nicht alles relevant für uns, es ist eine Geschichte. Aber auch das muss er kritisch betrachten und verstehen, dass die Erzählungen in der Thora, die ziemlich schrecklich sind, ihm eine Inspiration sein müssen, über diese Themen heutzutage zu sprechen. Das Hinterfragen ist das Allerwichtigste im Judentum, auf dem basiert es. Das Fragen, der Zweifel, das Forschen nach der Antwort. Die Rabbiner diskutieren miteinander und es gibt sehr oft verschiedene Meinungen. Und das ist normal, das ist gut und richtig. Man muss Zweifel haben, man muss alles infrage stellen.

Aber wichtig ist: Trotz allem geht die Tradition weiter. In einer neuen Form, weil wir moderne Menschen sind. Und deshalb kann ich die Entscheidung treffen, in diesem Jahr nehme ich eine feministische Haggada und im nächsten eine vegane Haggada. Haggadot gibt es zahlreiche, in jeder Ecke der Welt schreibt die nächste Generation eine neue Haggada. Was ist Haggada? Die Geschichte von dem Auszug aus Ägypten. Was ist Ägypten? Sklaverei. Was ist Sklaverei? Das Rauchen? Alkohol? Drogen?

Gefängnis? Rassismus? Sexismus? Migrantenkrise? Es hat so viele Formen, und die Haggada ist da, um eine Basis zu geben für ein Gespräch über diese Themen. Deswegen ist es so prächtig: Man kennt sich mit dem Ursprung, dem traditionellen Text gut aus und kreiert doch etwas Neues. Aber vielleicht gehe ich nächstes Jahr wieder zurück zu dem alten Text, zu dem ursprünglichen Buch – Wurzeln und Zweige. In meiner künstlerischen und kantoralen Tätigkeit ist immer dieser Dialog zwischen Alt und Neu. Und das eine kann nicht ohne das andere existieren.

© Stefan Klüter

GARRY FISCHMANN

Geboren am 14. Mai 1991 in Dortmund
Schauspieler, Comedian
Lebt in Berlin

MEIN JÜDISCHSTER MOMENT?

In Israel. Das war eine Energie, die kann ich nicht beschreiben. Aber da habe ich es verstanden. Dass es okay ist, und dass ich nicht anders bin. Obwohl ich natürlich total anders bin. Aber ich habe da so einen jüdischen Frieden gespürt, der natürlich absurd ist. Weil da überhaupt kein Frieden ist. Aber für mich schon – ich hatte in mir Frieden, was dieses jüdische Thema betrifft.

Das erste Mal, dass ich etwas über die Shoa mitbekommen habe, war, als ich in der Grundschule von meiner Klassenlehrerin schockiert angeguckt worden bin, weil ich – als kleines Kind – ein Hakenkreuz ganz groß an die Tafel gemalt habe. Ich wusste nicht mal, was das ist. Ich wusste nur, es ist verboten, die Leute machen es heimlich. Und ich dachte, okay, ich bin jetzt der Coolste. Als die Lehrerin fragte: »Wer war das?« und auf mich gezeigt wurde, da wusste sie überhaupt nicht mehr, wie sie reagieren soll.

Ich kann mich noch daran erinnern, dass meine Mutter irgendwann gesagt hat: »Garry, wir müssen reden« und mir dann Bücher gezeigt hat von schwarz-weißen, nackten, dünnen Menschen. Und ich habe gesehen: Krass, unsere ganze Bibliothek besteht nur aus Büchern mit schwarz-weißen, nackten, dünnen Menschen. Warum interessiert sich meine Mutter für so hässliche Menschen? Die sehen auch nicht freundlich aus. Die sehen ziemlich gruselig aus. Und das war so der erste Horror-Jew-Porn, den ich mitbekommen habe. Ich dachte, okay, das ist nicht leicht, irgendetwas ist da passiert. Ich habe das auch mit meiner Familie in Verbindung gebracht, weil meine Mutter es mir erzählt hat.

Und dann gab es immer mal Bemerkungen, von deutscher Seite und anfangs mehr noch von muslimischer. Ich wusste nicht, warum Mitschüler Mustafa mich nicht so leiden konnte. Er hat mir dann erklärt: »Das liegt an deiner Religion. Mein Vater hat mir gesagt, ihr Juden habt uns Moslems den Koran geklaut.« Ich habe zu Hause geguckt, und wir hatten den Koran, hatten auch das Alte Testament, das Neue Testament, und dann habe ich ihm am nächsten Tag den Koran wiedergegeben. Aber irgendwie hat das auch nichts gebracht.

Oder es kamen Sätze wie: »Garry, sind nicht alle Juden gierig?«

Und dann meinte ich: »Sind nicht alle Christen Hitler? Also, was ist das für eine Frage?« Und dann gab es so komische Schlägereien. Wäre ich cool gewesen, aber ich war einfach nicht cool als Kind, wäre es mir egal gewesen. Ich glaube, Kinder finden immer einen Schwachpunkt. Und bei mir war es zufällig das. Aber natürlich prägt einen das. Und dann muss man irgendwo Grenzen setzen und sich fragen: Was macht einen selbst aus? Sind das jetzt die nackten, dünnen, schwarz-weißen Menschen? Ist es vielleicht irgendwas Cooleres als das? Das kam dann mit »Wusstest du, deine Jeans ist von einem Juden« *(der in Deutschland geborene Jude Levi Strauss gilt als Erfinder der Jeans, die Verf.).* Da war ich plötzlich Botschafter. Man entwickelt sich dann halt so, auch durch Machanot und jüdische Gemeinde.

Meine Eltern haben sich früh getrennt, seit meinem achten Lebensjahr hatte ich einen christlichen Ziehvater. Und das spielte eine wichtige Rolle. Weil er eine große Offenheit hatte und mir ein kulturelles Interesse vorlebte. Meine Mutter meinte zum Beispiel: »Du bist so oder so jüdisch, du musst jetzt keine Bar Mizwa machen.« Und er sagte: »Hey, guck dir das mal an, das ist doch total interessant, du hast ein Jahr lang Unterricht, lern doch.« Und dann habe ich das gemacht und dadurch viel mitgenommen vom jüdischen Leben.

Mein Ziehvater war sehr links-intellektuell, aber ich habe ihm viel von meiner Art, die Welt zu sehen, zu verdanken. Damals passte das natürlich nicht richtig in die jüdische Community, die zu 90 Prozent aus russischen Kontingentflüchtlingen bestand. Deren Weltbild, deren Interessen waren ganz anders. Materialistisch, natürlich. Kam ja nicht von ungefähr. In der damaligen Sowjetunion durfte man kein Geld haben, niemand hatte mehr als der andere. Und endlich hatten sie den ersehnten Reichtum – und für die Kinder sollte es dann nur das Beste sein. Ich war auf Machane und hatte fünf Euro für die ganze Zeit bekommen. Die anderen Kiddies hatten teilweise 50 Euro pro Tag. Ich dachte, jetzt ist hier Modenschau, und ich trug die ausgeleierten Sachen von einem Freund. Ich weiß gar nicht, ob sich meine Eltern das nicht leisten konnten oder ob sie einfach keinen Bock darauf hatten. Sie hatten nicht übermäßig Geld, andere Familien auch nicht. Aber da war es nicht so wichtig, dass man in einer schönen Altbauwohnung lebt und viele Bücher hat, sondern man konnte irgendwo in einem Zwanzig-Quadratmeter-Plattenbau leben, aber dafür die dicke Gucci-Tasche tragen. Es waren halt andere Prioritäten bei mir zu Hause.

Also, das war erst mal nicht meins. Damals gab es das ›Hackesche Hoftheater‹, jüdische Musik an historischem Ort. Da hat mein Ziehvater gearbeitet, in der Planung und als Fotograf. Das war eher meine Kindheit. Theater war ein Raum, wo alles möglich war, wo die Leute nicht so voreingenommen waren. Und da habe ich bei jüdischen Stücken wie ›Das Leben des Isaac Bashevis Singer‹ mitgespielt, auch mit meiner Mutter und meiner Schwester. Meine Mutter wollte früher Schauspielerin werden, aber dann hat sie sich doch für den bodenständigen Weg entschieden. Aber sie hat immer geguckt, dass sie mir die Chance gibt. Sie hat natürlich auch sich selbst in mir gesehen. Aber sie hat auch meine Talente gesehen und gedacht, okay, das ist was für meinen Sohn.

Und dann kam irgendwann die Pubertät und ich hatte einen Punk-Rock-Freundeskreis: Skateboard fahren, Hand brechen, betrinken, bisschen edgy halt. Und dann kam durch Freunde meiner Mutter und deren Kinder plötzlich wieder dieses jüdische Ding Machane. Ich bin halt noch mal mitgefahren und fand es auch ganz nett. Seitdem habe ich ein paar Freunde, die sind mir immer noch die engsten. Jüdisch halt. Tatsächlich sind alle meine engsten Freunde jüdisch. Aber gar nicht, weil ich es mir ausgesucht habe, sondern es ist dann einfach so passiert. Man hat, weil man immer so ein bisschen zwischen den Welten lebt, natürlich einen anderen Blick. So ein bisschen Woody-Allen-mäßig: Ich will keinem Club angehören, der mich als Mitglied akzeptiert. Man findet Möglichkeiten, man ist irgendwie flexibler. Der Humor, den man braucht, um mit Problemen fertigzuwerden, verbindet einen auch. Man hat halt, wenn die Eltern woanders herkommen und man die zweite Generation ist, eine ähnliche Kindheit.

Ob ich Deutscher bin? Natürlich nicht. Aber natürlich auch schon. Kommt drauf an, wo ich bin. Für mich ist Identität der Safe Space. Identität ist das, was mich einerseits verbindet mit Leuten, andererseits aber auch unterscheidet, sodass ich mich selber spüren kann. Komischerweise ist dieses Selberspüren, wenn ich in Israel bin, obwohl ich da nicht mal groß geworden bin. Aber da bin ich einfach Jude und es ist okay. Weil die Leute überall herkommen und keiner mich fragt, ob ich Deutscher bin oder Türke, Pole, Ukrainer. Ist egal. Hier ist das anders, was auch verständlich ist. Aber ja, natürlich bin ich auch Deutscher. Ich bin hier geboren und sozialisiert.

Klar, es gibt einen sehr großen Gap zwischen erster, zweiter, dritter Generation – auch innerhalb der Familien. Ich glaube, dass mein Vater zum Beispiel sich überhaupt nicht deutsch fühlt und vielleicht auch gar nicht so gut Deutsch spricht. Und auch meine Großeltern, sie waren ungefähr vierzig, als sie ein bisschen später als meine Eltern aus Litauen nach Deutschland gezogen sind. Die waren schon gegangen, als sich das Land 1991 unabhängig machte und Gorbatschow mit Panzern kam. Meine Mutter hatte damals Angst, dachte, es gibt Krieg und ist geflohen. Amerika oder Israel oder Deutschland, das waren so die Optionen. In Deutschland gab es schon einen Onkel und dann auch die Wiedergutmachung.

Zurück zum Gap: Meine Mutter ist ein spezielles Beispiel, weil sie viele Freunde hat von überall her, auch viele deutsche; mein Vater ist in dem kleinen russischen Kreis geblieben. Und das sind zwei Welten. Die ganz großartig für sich sind, aber halt unterschiedlich. Wenn ich mit meinen Großeltern oder mit meinem Vater über Politik rede oder darüber, wie ich manche Dinge sehe, prallen diese Welten aufeinander. Man kann sich überlegen, will man das jetzt? Ich spreche alles mal an, aber wenn ich merke, das hat keinen Sinn, dann gibt es vielleicht noch ein paar spitzfindige Bemerkungen, die ich manchmal versuche zu unterdrücken, aber die kommen dann trotzdem. Aber ich muss es nicht immer wieder mit denen besprechen, weil ich weiß, es ändert sich eh nichts. Sie bleiben in dieser Bubble, die aus alten russisch-jüdischen Freunden überall auf der Welt, also USA und Israel und dem russischen Fernsehen besteht. Und was will man da reden? Klar gab es Momente, da war die Reibung wichtig. Aber mittlerweile bin ich in einem Alter, in dem ich das nicht unbedingt brauche.

Zurzeit konzentriere ich mich darauf, Hebräisch zu lernen. Weil ich Lust dazu habe und weil es wahnsinnig tolle Filmprojekte gibt. Inzwischen habe ich mehrere internationale Anfragen –

als Hebräisch Sprechender. Auch in der deutschen Film- und Fernsehlandschaft ändert sich inzwischen was, wenn auch im Schneckentempo. Bisher ist es egal, dass ich Russisch spreche. Man nimmt lieber einen blonden Deutschen, der Russisch spricht, als mich, der muttersprachlich Russisch spricht. Weil einfach das Gesicht sehr viel erzählt. Und das kann man hassen oder lieben. Und entweder spielt man das Spiel mit oder nicht. Ich habe mich entschieden, das Spiel mitzuspielen. Und das sind die Regeln.

Natürlich ist es Schwachsinn, dass nur ein Jude einen Juden spielen darf. Die Fixierungen auf Gleichberechtigung pervertieren zum Teil. Aber ich habe auch Dinge erlebt, wo ich denke, ja, es muss eine Fixierung darauf geben, weil sich sonst nichts verändert. Ich hatte eine Produktion, bei der sollte ich in meine Figur einfließen. »Interessant, erzähl mal, deine Wurzeln, du bist so ein internationaler Typ, du sprichst ja Russisch. Soll dein Spielsohn eher evangelisch oder katholisch getauft werden?« – »Wenn wir über Russland reden«, habe ich gesagt, »dann weder das eine noch das andere, sondern russisch-orthodox. Und wenn wir über mich reden, dann jüdisch.« – »Das wird schwierig. Wir wollen nicht zu politisch werden, weil die anderen Figuren schon so und so besetzt sind. Wenn du jetzt nicht nur Russe, sondern auch noch jüdisch bist, dann brauchen wir nur noch einen Querschnittsgelähmten.« Meine erste Reaktion: Ich musste lachen. Und als ich zu mir gekommen war, wurde ich richtig wütend, denn das ist Antisemitismus. Das war so eine arrogante Haltung, weil man es ja nicht konstruierte, sondern es hieß: Wir wollen uns an dir orientieren, aber das jüdische Thema würden wir gern ausklammern, weil es zu politisch ist. Also, was sie gemeint haben, war: Jüdisch ist uns zu sehr Nahost-Konflikt, jüdisch ist uns zu sehr Holocaust, jüdisch können wir dem Curry King essenden arbeitslosen Zuschauer des Vorabendprogramms nicht zumuten. Das war vor einigen Jahren, da hatte ich noch ein anderes Standing. Heute würde ich sagen: »Dann könnt ihr mich – kreuzweise, weil das ja eine christliche Rolle ist.«

Erfahrungen wie diese prägen natürlich. Genauso wie die philosemitischen Sprüche. Im Schauspielstudium habe ich gehört: »Hast doch eine schöne Figur, jetzt musst du nur noch lernen, eine zu spielen.« Und danach: »Also, ich würde dich verstecken.« Das ist so absurd.

Andererseits habe ich auch ganz andere Dinge erlebt. In der jüdischen Oberschule zum Beispiel. Da dachte ich, wäre ich nicht jüdisch, würde ich glatt Antisemit werden. Weil es so extrem ist, dass man denkt: Hört mir auf mit eurem ewigen jüdischen Rumgejammer. Diese *Ungerechtigkeit*, wenn man in den Bus steigt und nach der Fahrkarte gefragt wird: »Wollt ihr noch meine Nummer sehen!?« Oder: »Hey Garry, nett, dich kennenzulernen. Oh, meine Mutter ruft an, ›Heil Hitler? Ja, Mama, ich bin da zum Shabbes‹. Willst du nicht mitkommen, Garry?« Man redet natürlich in dem Alter viel Scheiß, setzt sich aber auch damit auseinander, teilweise humorvoll, teilweise übertrieben. Aber es war auch irgendwie lustig, was in der jüdischen Schule alles möglich war. Da habe ich mich sehr deutsch gefühlt. Mir wurde auch gesagt, ich sei zu deutsch. Auf der deutschen Schule war ich dann zu jüdisch.

Nie wirklich dazuzugehören, damit findet man sich irgendwann ab. Und man nutzt es entweder als Kraftquell, oder es frisst einen auf. Oder man macht Sport. Oder nimmt es mit Humor.

Gut, bei Humor muss man auch aufpassen, weil er nicht immer stark genug ist. Es kostet mich sehr viel Kraft, auf Humor zu verzichten, weil der mein erster Weg ist. Aber der löst die Probleme nicht immer, denn die Leute begreifen ihn nicht und denken, sie kommen mit ihren Sprüchen durch. Weil man lacht, und dann ist die Sache vom Tisch. Ich möchte aber vielleicht nicht, dass die Sache vom Tisch ist. Oder ich will, dass sie wirklich vom Tisch ist. Und zwar nicht weggelacht.

© Charlotte Troll

LENA GORELIK

Geboren am 1. Februar 1981 in Leningrad, Sowjetunion
Schriftstellerin
Lebt in München

MEIN JÜDISCHSTER MOMENT?

Tatsächlich die Beschneidung meiner Söhne. Im Vorfeld war mir immer klar, dass wir das machen – das war dieses Jüdische. Und dann, als der erste auf der Welt war, und ich das schon so schlimm fand, wenn ihm Blut abgenommen wurde, war das noch mal schlimmer. Das waren quasi die größten jüdischen Entscheidungen, die ich je getroffen habe. Und dann auch noch für andere.

Aufzuwachsen mit »Sag niemandem, dass wir Juden sind« ist natürlich etwas, das einen definiert – und sich sehr doll als Jüdin fühlen lässt. Das ist so, als wenn man zu Kindern sagt: »Ihr dürft nicht mit Waffen spielen«. Was wollen die dann wohl am allerdollsten haben?

In meinen ersten Jahren war also das Jüdischsein ein verschwiegenes Thema. Aber doch ein Thema, weil es natürlich diesen Antisemitismus im Alltag gab. Ich habe den nicht als Antisemitismus verstanden, aber als Kind hat man auf der Rutsche gesagt: »Geh zur Seite, du Jude!«. Nicht nur zu mir, sondern es war einfach ein Schimpfwort. Es war so wie »Du Blödmann!«. Und dann kannte ich auch diesen Spruch, den die Erwachsen brachten, wenn irgendwas nicht funktionierte. Dann war es immer wegen des fünften Punktes im Pass *(wo unter Nationalität ›Jüdisch‹ stand, die Verf.)*. Ich kannte das Wort Antisemitismus wahrscheinlich nicht und hätte es auch nicht definieren können, aber es war ein Thema. Ein sehr unangenehmes, und man hat mir gesagt, dass ich nicht drüber sprechen soll. Ich hätte auch nicht gern drüber gesprochen.

Es gab also schon immer eine Identität und es gab gleichzeitig, vor allem in den letzten Jahren vor der Ausreise, ein sehr vages, verschwommenes Erinnern an eine Religiosität, die die Urgroßeltern gelebt hatten. »Dein Urgroßvater hat immer …«, hieß es, aber niemand kannte diesen Urgroßvater noch. Dennoch wurde das Ganze so ein bisschen gefeiert wie: Damals waren wir noch richtige Juden. Es war Anfang der Neunziger, der Umgang damit wurde offener, die Ersten wanderten nach Israel aus, es gab jüdische Ferienlager und Rabbiner, die versuchten, die Juden in der Sowjetunion wieder back to the roots zu bringen.

Und dann komme ich als Elfjährige nach Deutschland, und es wird ständig über mein Jüdischsein gesprochen. Permanente Zuschreibungen. Ich musste, da konnte ich noch kaum Deutsch und kannte die jüdischen Feste nicht, durch die Klassen ziehen und im katholischen und im evangelischen Religionsunterricht Pessach – die sagten natürlich »Passah« – erklären. Ich sollte auch den »Passah«-Teller mitbringen, musste erst mal zu Hause nachschlagen, was das überhaupt bedeutet. Dann gab es an einer anderen Schule einen Israel-Austausch und einer meiner Lehrer wollte, dass ich die Israelis kennenlerne. Ich war dreizehn, total unsicher und wollte überhaupt niemanden treffen, den ich nicht kannte. Und als ich vierzehn war, ist Yitzhak Rabin ermordet worden, und ich musste den Nahost-Konflikt erklären. Ich hatte nur eine sehr ungefähre Vorstellung davon, wo der Nahe Osten überhaupt liegt, geschweige denn, was der Konflikt ist.

Ich war die einzige Jüdin, nicht nur in der Klasse, sondern an der Schule. Kleine schwäbische Stadt. Deswegen war es ja auch so ein Riesending für alle Lehrer. Am 9. November haben die mir immer fast schon weinend über die Schulter gestreichelt. Totaler Albtraum. Immer in einer Sonderstellung für etwas, das man selber nicht erfasst und nicht definiert. Ich stand prototypisch für etwas, wofür ich mich nie entschieden habe. Ich habe den Pessach-Teller erklärt, ich habe mir den Nahost-Konflikt von meinem Vater erklären lassen, ich nehme an, nicht besonders objektiv. Ich habe mir sogar eine Zeitung gekauft, um das nachzulesen. Ich habe das alles mitgemacht, dieses ganze Theater. Man kann auch von einem vierzehnjährigen Kind nicht erwarten, dass es sich da abgrenzt. Dazu kam die Migration, das heißt, ich war sowieso unsicher. Ich war ja nicht nur die Jüdin, ich war auch noch die einzige Ausländerin in der Klasse, die andere Klamotten trug, deren Eltern den falschen Apfelkuchen mitbrachten. Ich hatte nicht die innere Stärke, um das doof zu finden, geschweige denn, das Doof-Finden zu äußern.

Dadurch, dass ich es erst lange nicht sagen durfte und dann in Deutschland mit ganz, ganz anderen Zuschreibungen von jüdisch konfrontiert wurde, war natürlich meine Auseinandersetzung mit dem Thema eine viel größere und eine viel tiefere, als wenn ich in den USA oder in Israel geboren und das einfach ein Teil der Identität gewesen wäre. Und wenn ich jetzt diesen Roman *(›Wer wir sind‹, die Verf.)* geschrieben habe, dann ist das natürlich eine Suche nach Identität. Weil das Jüdische mehr ist als eine Religionszugehörigkeit. Weil das Jüdische so viele Facetten hat, wie man sich zugehörig fühlen kann – über Kultur, über Familiengeschichte, über Zuschreibung von außen –, dass es schwer ist, sich da zurechtzufinden. Ich glaube, das ist eine Selbstsuche. Ich kenne viele Menschen, die vollkommen atheistisch erzogen worden sind, in deren Familien keine Bräuche gepflegt wurden, aber irgendwann hatten sie das Bedürfnis herauszufinden, warum sie trotzdem jüdisch sind.

Es ist eine innere Suche, und diese innere Suche ist der Punkt. Dieses Nicht-benennen-Können. Alles andere kann ich benennen. Ich kann benennen, was das Deutsche an mir ausmacht: Es ist die Sprache, natürlich meine Staatszugehörigkeit, und es ist das Land, in dem ich mich als Bürgerin fühle, in dem ich das Gefühl habe, ich entscheide mit, was für eine Gesellschaft da lebt. Ich kann das Russische an mir benennen: Das ist erst mal eine sehr kindliche Erinnerung, es hat viel mit kindlichen Gefühlen zu tun. Ich kann das Muttersein benennen, das Autorindasein –

ich kann vieles benennen. Ich kann nicht so gut benennen, was das Jüdische ist. Oder zumindest nicht in einem Wort. Wenn ich aber mit manchen anderen Juden spreche, dann wissen die sofort, was ich meine. Wir müssen nicht darüber reden, sondern wir wissen einfach genau, dieses Vage ist es, was uns verbindet.

Aber davon abgesehen, ist diese Suche eine, für die ich mich selbst entschieden habe. Das ist etwas anderes, als wenn ich bei einer Lesung gefragt werde. Der Unterschied ist: Schulde ich jemandem eine Antwort oder mache ich das für mich? Ich möchte deshalb nicht gefragt werden, als was ich mich fühle. Denn wenn das Publikum fragt, dann ist es ja immer wie bei einer Prüfung: »Wo fühlen Sie sich zu Hause?« Und wehe, man sagt nicht, in Deutschland ist es am schönsten. Ich habe überhaupt kein Bedürfnis, auch nur eine Sekunde darüber nachzudenken, was ich bin. Also jüdisch bin ich, da komme ich ja nicht raus, deutsch bin ich qua Pass, russisch bin ich qua Geburt. Aber all das sind Teile von mir, die ich nicht näher bestimmen möchte. Ich möchte auch nicht sagen, ich bin ein bisschen mehr das, ein bisschen weniger dieses, an Chanukka bin ich ein bisschen mehr dies und wenn ich schreibe, ein bisschen mehr das.

Im Publikum gibt es immer wieder diese Anspruchshaltung, etwas wissen zu dürfen. Momente, in denen ich denke, mir wäre es zu übergriffig, das würde ich mich nicht trauen zu fragen. Es hängt sehr mit der Region zusammen, in der man liest. Auf dem Land ist es viel mehr als in den Großstädten. Und je älter das Publikum, desto mehr nimmt es sich heraus bei den Fragen. Wenn ich jetzt aus meinem aktuellen Roman lese, dann kommt: »Erzählen Sie doch mal, wie geht es denn Ihren Eltern so?« Wo ich denke, wir kennen uns nicht, warum sollte ich dir von meinen Eltern erzählen? Die krasseste Frage, bei der ich immer noch fassungslos bin, ist die, ob ich eine Therapie mache. Inzwischen bin ich bei diesem Roman dazu übergegangen, und das habe ich sonst nie verlangt, dass ich Lesungen nur noch mit Moderation mache. Weil ich sonst das Gefühl habe, ich gehöre den Leuten und die können sagen und fragen, was sie möchten.

Es kommt mir manchmal so vor, als würden die Juden den Deutschen diese ganz privaten Geschichten schulden. Wobei es gar nicht nur was Jüdisches ist. Ich erlebe oft, dass Geflüchtete einfach gefragt werden: »Und? Wie war es so auf dem Mittelmeer?« Wir reden hier von Traumata! Ich habe eine Freundin, die als Jugendliche allein aus Jugoslawien geflohen ist. Die musste an die Tafel gehen und den Kindern erzählen, wie es so war, mit zwölf allein zu fliehen. Das ist eben dieser Anspruch: Wenn ihr schon hier seid, dann schuldet ihr uns auch diese traurigen Geschichten. Dessen muss man sich erwehren. Das ist oft anstrengend, weil man dann ja auch als kompliziert, empfindlich gesehen wird.

Und trotzdem mache ich das nicht mit, wenn ich merke, das Jüdische überwiegt als Grund für eine Einladung. Dann ist das sofort ein »Nein« von mir. Wenn ich als jüdische Autorin vorgestellt werde und das passt zum Thema, stört es mich nicht. Es nervt mich nur, wenn ich eigentlich über etwas ganz anderes geschrieben habe, da also ein Zusammenhang hergestellt wird, der nicht vonnöten ist. Ich möchte natürlich über die Literatur wahrgenommen werden und nicht über meinen Hintergrund. Nicht über die Dinge, für die ich nichts kann. Ich habe dann schon auch das Gefühl, dass da, gerade wenn es nicht im Kontext geschieht, so ein bestimmter Stolz mitschwingt: Wir haben hier noch jüdische Autor*innen. Wir hatten diese große jüdische Kultur, die wir umgebracht haben, aber jetzt haben wir die wieder.

Es ist wie eine Absicherung. Denn es gibt diese Idee, dass Deutschland so viel Erinnerungsarbeit geleistet hat und dass so viel aufgearbeitet wurde. Was ja weder im privaten Kontext noch im Kontext von Unternehmen oder Städten oder Gemeinden wirklich geschah. Wenn ich irgendwo eine Lesung habe und frage dann, ob es dort mal eine Synagoge gab, kommt: »Wissen wir gar nicht ...«. Es wurde so gut wie gar nicht aufgearbeitet. Ich sage das auch auf den Bühnen. Wenn ich etwas vorlese und mich dann jemand fragt: »Was können wir gegen Antisemitismus tun?«, antworte ich: »Ich bin die falsche Ansprechpartnerin. Warum meinen Sie, dass wir dafür zuständig sind, People of Colour dafür zuständig sind, Ihnen zu sagen, wie Sie nicht mehr rassistisch sind? Das ist Ihr Problem, kümmern Sie sich darum.«

Das heißt, ich weiß schon, wann ich Grenzen zu setzen habe. Aber es ist anstrengend, diese Grenzen zu setzen. Ich wünschte manchmal, man müsste es nicht tun. Denn man ist dann natürlich sofort die Schwierige, die schwierige Jüdin: »Warum müssen Sie es so schwernehmen?« oder »Aber Sie sind doch jüdisch!« Man muss sich quasi für die Grenzziehung rechtfertigen. Weil man das aber den Leuten schwer begreiflich machen kann, versuche ich immer, es herunterzubrechen auf einen anderen Konflikt. Es ist ein bisschen so, als würde eine Frau sagen: »Hey, fassen Sie mich nicht an«, und dann würde der Mann sagen: »Aber wieso denn nicht? Ich mag aber, weil ich mich für Frauen interessiere«. So versuche ich dann, es zu erklären.

Um zu einer Normalität im Umgang zu kommen, muss sich in den Haltungen was ändern. Ein ganz simpler Vorschlag: jüdische und muslimische Feiertage in den Kalender aufnehmen. Das vermittelt den Menschen, ach ja, die sind ja Teil unseres Kalenders. Und nicht, wir gehen jetzt mal für die jüdischen Mitbürger am Jakobsplatz in München eine Chanukkia anzünden. Die Jüdinnen und Juden – man sollte mal aufhören, von den jüdischen Mitbürgern zu sprechen – brauchen nicht den Bürgermeister, der da draußen in der Kälte was anzündet. Es muss in der Politik und vor allem in den Bildungsstätten ein anderes Selbstverständnis sein, denn das ist immer noch: Wir sind deutsch, wir sind blond, wir sind christlich. Im schlimmsten Falle sind wir atheistisch, aber weiter darf es auch nicht gehen. Und dann werden alle markiert, die anders sind, ob in ihrer Religion oder vom Aussehen oder von der Herkunft oder von der Sprache. Und damit entsteht diese Hierarchie Mehrheit versus Minderheit.

Es hat sich ja inzwischen auch ein bisschen geändert. Es gibt jetzt mehr jüdische Kunst aus sehr unterschiedlichen Richtungen und sehr divers, was ich ganz toll finde. Aber das muss noch sichtbarer werden. Und zwar eben nicht nur durch die Leute, die das erzählen, was schon immer erzählt wurde: Ich bin die zweite Generation, Holocaust war ganz schlimm, nicht nur für meine Eltern, sondern auch für mich. Nein, es müssen neue Geschichten erzählt werden.

Aber es ist schon meine Beobachtung, dass es unter jungen Menschen anders ist. Wenn ich mit Studierenden zu tun habe, haben die ein ganz anderes Verhältnis dazu. Entspannter. Und kenntnisreicher. Die kennen dann einen jüdischen DJ, einen jüdischen Musiker, die kennen eine Vielfalt – und schrecken gleichzeitig bei dem Wort jüdisch nicht so zusammen. Dieses »Oh Gott, was soll ich sagen?«, das ist da viel weniger. Ich will das nicht zu rosig malen, denn das ist natürlich eine Blase, aber zumindest gibt es diese Blase, die ja auch wieder etwas vermittelt. Als ich groß geworden bin, gab es die nicht. Es gab nicht Menschen, die einen entspannten Umgang mit dem Thema hatten.

© Tom Athenstaedt

DR. SERGEY LAGODINSKY

Geboren am 1. Dezember 1975 in Astrachan, Sowjetunion
Jurist, Publizist, Abgeordneter im Europäischen Parlament für Bündnis 90/Die Grünen
Lebt in Brüssel und Berlin

MEIN JÜDISCHSTER MOMENT?

Alle Momente sind sehr jüdisch. Vielleicht waren aber die jüdischsten Momente die wirklich bitteren Streitereien im Parlament der Jüdischen Gemeinde zu Berlin. Leider fehlte dann das jüdische Danach, wo man miteinander essen geht und sich trotzdem versöhnt. Aber die Auseinandersetzungen sind wirklich sehr persönlich gewesen und auch nicht überbrückbar. Aber ja, das ist halt eine Meinungsvielfalt – so ein bisschen wie Israel in der Politik.

Für uns war Jüdischsein ein Bestandteil der Identität. Auf Russisch hieß es Nationalität. Und es war eine Selbstverständlichkeit: Wenn du Jude bist, bist du kein Russe. Russe bin ich erst durch die Einwanderung nach Deutschland geworden, weil alle uns Russen nennen. Aber auf Russisch gibt es eine klare begriffliche Unterscheidung zwischen Russe und Russländer. Und in jedem Pass stand die Präzisierung Nationalität, was ja eine ethnische Zugehörigkeit war und nicht Staatsbürgerschaft – der berühmte fünfte Punkt. Da stand dann bei uns ›Jude‹, und es war klar, dass wir halt jüdisch sind. Es war aber nicht klar, dass das eine Religion ist, und deswegen gab es in Russland auch Juden, die sich als christlich-orthodox verstanden und das als eine Art oppositioneller Haltung zum Kommunismus sahen. Für viele war das kein Widerspruch, weil eben Jüdischsein pur ethnisch geprägt war.

Meiner Familie war es aber klar, dass man so etwas nicht macht. Dass man es nicht ablegt, dass man vor allem nicht die christliche Religion annimmt. Weil das, auch wenn wir säkular sind, eine Absage an unser historisches Erbe wäre. So weit war da schon eine Verlinkung zur Religion, aber sie war nicht Bestandteil unseres Lebens. Man wusste auch nichts über sie, man wusste überhaupt wenig über jede Religion in der Sowjetunion. Religion war etwas Rückschrittliches, gerade in den Schulen wurde uns das so beigebracht. Auch christliche Kolleginnen und Kollegen waren erst mal ein Kuriosum. Und für mich war der Letzte, der in der Familie eine Synagoge besucht hatte, mein Urgroßvater in Astrachan, der lange vor meiner Geburt gestorben war. Aber wir hatten in einer Schublade Tefillin von ihm und ein Gebetstuch, und ich habe das immer bewundert und mich gewundert, was das ist. Mein Großvater, also sein Sohn, wusste nur, dass es einem religiösen Zweck dient. Aber es ging nie darüber hinaus, auch von religiösen Feiertagen wusste man nichts.

Dabei ist Astrachan, wo ich aufgewachsen bin, eine Stadt im tiefsten Südrussland, in der die meisten jüdischen Familien aus der Ukraine geflohen sind vor den Nazis. Das ist auch bei mir der Fall. Meine Großeltern auf beiden Seiten, außer dem Großvater, dessen Vater in der Synagoge gebetet hatte, flohen aus der Ukraine. Die Familie meiner Mutter ist aus Odessa, die meines Vaters aus Cherson. Der Vater meiner Oma mütterlicherseits war dann Professor in Moskau, und als die antijüdischen Stalin-Verfolgungen kamen, wurde ihm empfohlen zu verschwinden – irgendwohin, wo man ihn nicht wahrnimmt. Da ist er mit seiner Familie nach Astrachan gegangen, weil keiner sich darum kümmerte, was in der Provinz los war. Ähnlich ist es auch in der Familie meines Vaters gewesen. Sie haben einfach keinen Job gefunden, sobald sie gesagt haben, dass sie Juden sind. Es gab nur zwei Angebote, in Riga und in Astrachan. Nach Riga wollte man als Jude in der Nachkriegs-Sowjetunion nicht, zumindest hatte man Bedenken. Ich weiß nicht, ob rational oder irrational. Sie sind nie nach Cherson oder Odessa zurückgekehrt. Es gab nichts, wohin man zurückkehren konnte. Die Wohnungen waren besetzt, das persönliche Eigentum hat man gefunden auf Flohmärkten. Ich sage immer, meine Geburt verdanke ich dem Antisemitismus von Hitler und dem Antisemitismus von Stalin, weil beide Familien nach dem Krieg in Astrachan gelandet sind.

Wir waren nie scharf darauf, zu emigrieren. Leute, die in Lviv oder im Baltikum oder in Moskau lebten, die waren eher mit diesen Refusenik-Geschichten vertraut. Da gab es auch eine klarere Vorgehensweise, wie man es versucht mit der Ausreise. Für uns war das in der Sowjetzeit nie das Ziel. Dann aber kam mit der Perestroika eine allgemeine Verunsicherung: Verfall und Antisemitismus, der früher staatlich war und jetzt wegen des schwachen Staates politisch und auch ungebremst wurde, der Tschetschenienkrieg. Das war auch für mich mit siebzehn Jahren ein Punkt. Es war nicht ausgeschlossen, dass ich zum Militär hätte gehen müssen. Abhängig davon, wo ich studiere und ob ich eine Befreiung habe oder nicht.

Der erste Anstoß aber lag weiter zurück. Es waren Israelis nach Astrachan gekommen in die Synagoge, in der mein Urgroßvater früher gebetet hatte und die ich an diesem Tag zum ersten Mal von innen sah. Es ist ein kleines Gebäude und es war voll, als Ada und Menachem von der Sochnut, also der Jewish Agency, da sprachen. Sie brachten den jüdischen Menschen ein bisschen was über ihre Identität bei und über Israel, versuchten dadurch auch, sie in das Land zu locken. Da habe ich verstanden, was Israel für uns ist und sein kann. Und was dieser Tefillin ist, den ich in der Schublade meines Großvaters gesehen hatte, und wie man ihn benutzt. Ich war dreizehn oder vierzehn, hatte natürlich keine Bar Mizwa gehabt. Diese Leute haben dann für mich und für andere Bar Mizwa gemacht – nachdem sie gesehen haben, wir sind irgendwie die Wilden, die nicht wissen, was das ist. Sie hatten auch hebräische Lehrbücher, mit denen ich versucht habe, die Sprache zu lernen.

Danach waren wir häufig bei Abschieds-Fêten von unseren Freunden, eine Familie nach der anderen zog nach Israel. Irgendwann wurde es ziemlich einsam. Es hatte eine Sogwirkung und dann kam plötzlich dieser Gedanke: Ja, vielleicht sollte man ... Bei dieser Instabilität, wie ist da die Zukunft für jüdische Kinder? Wir haben auch überlegt, nach Israel zu gehen. Aber dann haben wir die Option Deutschland entdeckt. Als wir die Gelegenheit bekamen, war das für uns die Entscheidung.

Wir waren kurz in einer Aufnahmestelle in Neumünster, wurden dann nach Norderstedt verteilt und haben fast ein Jahr lang in einem Flüchtlingsheim gelebt. Da habe ich Deutsch gelernt und die Schule besucht, und als mein Papa in Kassel einen Job bekam, habe ich dort das Abitur gemacht. Meine Eltern haben sich durchgekämpft auf dem Neunzigerjahre-Arbeitsmarkt, der ja leergefegt war, gerade für Ärzte und Ingenieure. Mein Papa war fast fünfzig, meine Mama neununddreißig, und sie haben ihren Weg gemacht. Jetzt sind sie Rentner und genießen Armut im Alter, was uns ja die zahlreichen Bundesregierungen geschenkt haben – und gerade die SPD durch ihre Ablehnung der Gleichstellung mit Aussiedlern in Rentenfragen.

Wir blieben säkular. Aber wenn ich mal in Israel bin und dort in einer Jeschiwa, da kommt man schon in eine Dynamik, wo man plötzlich entdeckt, wie cool das ist, stundenlang über irgendwelche Bedeutungen von Buchstaben in diesem Zusammenhang und in jenem Zusammenhang zu streiten und welche Gesetze wie ausgelegt werden dürfen. Für mich ist das allerdings schon mitabgedeckt durch mein Jura-Dasein, weil vieles aus der juristischen Tradition ja auch im Judentum angelegt ist. Die Deutung der Gesetze – ich kenne diese ganzen Diskussionen aus der juristischen Methodenlehre. Und ob ich mich, selbst wenn ich mehr Zeit hätte, intensiver mit dem Judentum beschäftigen würde, weiß ich nicht. Wahrscheinlich eher nicht.

Trotzdem irritiert es mich nicht, wenn ich als jüdischer Politiker vorgestellt werde. Das informiert und das formt auch meine Sicht der Welt und deswegen finde ich es okay, wenn darauf hingewiesen wird – solange es nicht bedeutet, dass ich nicht über Rechtsstaatlichkeit, über künstliche Intelligenz und Datenmarkt oder über die Türkei-Beziehungen und nicht nur über die Russland-Beziehungen sprechen kann. Also, solange es nicht eine Schublade wird, sondern einfach eine Eigenschaft, eine von vielen, finde ich es okay, dass man es anspricht. Auch weil sehr wenige jüdische Menschen in Deutschland leben. Ich bin zum Beispiel der einzige offen jüdische Abgeordnete über Landesebene hinaus. Aber da ist immer diese Annahme, dass es viel mehr Juden gibt, als es sie tatsächlich gibt. Und dass sie eigentlich überall schon drinstecken und nicht diskriminiert sind. Ich glaube nicht, dass das ein antisemitischer Gedanke ist. Viele unserer Realitäten sind halt imaginiert. Und dann schaut man auf amerikanische Realitäten, Literatur und Medien, wo selbstverständlich Manhattan jüdisch geprägt ist. In Deutschland ist es halt nicht so. Wir sind unter mehr als 80 Millionen Bewohnern immer noch, nach offiziellen Angaben, weniger als 100.000 also wahrscheinlich eher 90.000. Und das macht was aus.

Ich glaube schon, dass man auch wahrgenommen werden möchte. Wenn wir sagen, auf das jüdisch darf nicht hingewiesen werden, dann existieren wir auch nicht im öffentlichen Diskurs. Deswegen habe ich auch nichts gegen die Frage: »Woher kommst du eigentlich?« Ich bin selber Migrant und stehe dazu und auch zu diesem Teil meiner Biografie. Das ist der Unterschied zu den deutsch-türkischen Menschen, die in Deutschland geboren sind und denen das Etikett draufgeklebt wird.

Aber bei mir ist das ein Teil meines Lebens. Ich habe achtzehn Jahre gehabt, bevor ich mit Deutschland zusammengekommen bin. Und diese achtzehn Jahre bleiben. Sie haben mich geformt. Genauso, wie mein Jüdischsein und die verschiedenen Zugänge dazu, auch die sowjetischen, mich und meine Sicht auf die Welt geformt haben.

Wir – ich versuche, eine jüdische Gruppe bei den Grünen zu organisieren – hatten mal eine Diskussion mit Grünen Christinnen und Christen, und für sie war es selbstverständlich, dass Frieden uns eint, Weltfrieden und Gewaltlosigkeit. Und da habe ich gesagt: »Ja, aber unsere Perspektiven sind halt nicht so.« Das ist eine Community-Perspektive aus derselben Geschichte, aber halt mit anderen Schlussfolgerungen. Und diese Perspektiven sind zum Beispiel auch bei meiner Sicht auf Außenbeziehungen, internationale Beziehungen, sehr präsent. Sie bedingen auch meine transatlantische Position, weil ich der Meinung bin, dass die USA – oder New York – lange das Jerusalem der Juden war. Für mich ist New York mein Jerusalem. Ich bin amerikanisch ausgerichtet: das Leben, die Entfaltungsräume, die Kreativität und die Selbstverständlichkeit des Jüdischen in New York, auch in der Kultur, in der Kunst. Das ist für mich sozusagen das Heilige Land. Auch weil ich mich in den USA weniger markiert fühle als häufig in Deutschland. Markiert als Jude. Sobald du jüdisch bist – das triggert. Das triggert Positives wie Negatives. Triggert eine Auseinandersetzung des Gegenübers, was nicht immer der Zweck einer Kommunikation ist.

Natürlich kommt dann noch manchmal der Satz »Meine Großeltern haben auch einen Juden versteckt«. Aber das ist immer seltener. Vielleicht haben wir mittlerweile andere Diskussionen. Sie gehen eher in Richtung »Meine Großeltern waren mal jüdisch«, die große Diskussion um das Thema »Wer ist jüdisch?«, und die große Anzahl von Menschen, die zum Judentum übertreten, was ich nicht verurteilen möchte, aber was schon ein Phänomen an sich ist. Ob man sich auf diese Weise exkulpieren will, ich weiß es nicht. Aber ich glaube, es gibt so ein Bündel von verschiedenen psychologischen Vorgängen, die eine Sicht auf Juden als Projektionsfläche bedingen. Und dass es gleichzeitig vielen schwerfällt, das Wort Jude auszusprechen, ist nach sechs Millionen Toten und einem praktisch ausgelöschten Teil europäischer Bevölkerung – und einer Auseinandersetzung mit der eigener Rolle als Kultur und Gesellschaft – kein Wunder. Das Wort Jude ist belegt, auch für viele Juden, die zum Beispiel aus Russland kommen und für die Deutsch nicht die Muttersprache ist. Da erschreckt einen das Wort Jude, weil es das ist, mit dem Nazis dich laut markiert haben in den besetzten Gebieten.

Ich glaube, wir müssen ein bisschen geduldiger miteinander sein, in jeglichem Sinne, und nicht ständig jedes Unbehagen als Beleidigung oder als Makel betrachten. Menschen haben halt Unbehagen und sagen jüdischer Bürger oder Mitbürger. Okay, wir haben ja keine Sprachpolizei. Das Thema ist doch, kommen wir danach in ein Gespräch, in dem auch Fragen gestellt werden? Und vielleicht bin ich tatsächlich der erste Jude für sie. Das ist ja auch in Deutschland absolut nachvollziehbar. Gerade in den Neunzigern, als ich kam. Als ich nach ein paar Wochen in der Schule in Kassel gesagt habe, dass ich jüdisch bin, da waren die Leute erst mal baff. Ich habe gespürt, dass sie sprachlos waren, hatte das Gefühl, sie wollen mich berühren, weil sie alles über tote Juden lernen und lebendige Juden nie zu Gesicht bekommen haben. Damals. Jetzt ist es in Großstädten vielleicht ein bisschen anders. Aber das muss man doch auch irgendwie nachvollziehen können, dass das für Menschen erst mal eine Herausforderung ist – kognitiv, psychologisch, emotional. Wenn 80 Millionen Bewohner mit 90.000 Juden ausgestattet sind, hast du halt keinen Alltag mit ihnen.

© Mika Ceron

SHELLY KUPFERBERG

Geboren am 11. September 1974 in Tel Aviv, Israel
Journalistin, Moderatorin, Autorin
Lebt in Berlin

MEIN JÜDISCHSTER MOMENT?

Es vergeht kein Tag, an dem ich nicht einen jüdischen Moment habe. Sei es durch eine Assoziation – keine schöne. Sei es durch einen Phantomschmerz, das war mal, das ist nicht mehr – habe ich ziemlich oft, speziell in Deutschland. Sei es durch Namen im Abspann eines Spielfilmes – wenn ich sehe, ah, ein jüdischer Name!

Meine Großeltern kamen aus Wien, Berlin, Hildesheim, sind zwischen '33 und '39 vor Hitler nach Palästina geflohen und haben sich auch dort später kennengelernt. Mein Vater ist in einem typischen Jeckes-Haushalt groß geworden, seine Eltern konnten nach 60 Jahren noch immer nicht richtig Ivrit sprechen. Wären sie nicht zufälligerweise Juden gewesen, wären sie womöglich gutbürgerliche CDU-Rentner in Hildesheim beziehungsweise Berlin geblieben. Meine Eltern hingegen sind israelisch sozialisiert. Meine Großeltern mütterlicherseits haben sich wiederum recht schnell den neuen Begebenheiten in Palästina angepasst, sie waren sehr politisch und haben sich in der Kommunistischen Partei des Landes kennengelernt. Mein Vater war Soldat im Sechs-Tage-Krieg und im Yom-Kippur-Krieg und kam mit einer Depression da raus. Er war noch in Reserve und sehr unzufrieden mit dem Leben in Israel. Und dann haben meine Eltern beschlossen, mal für ein Jahr lang wegzugehen. Sie waren jung, Ende zwanzig. Mein Großvater mütterlicherseits ist Historiker gewesen und hat das Institut für Deutsche Geschichte an der Universität Tel Aviv gegründet, er hatte in Deutschland viele Freunde und ermutigte meine Eltern zu dem Schritt. Sie kamen '75 nach Westberlin mit mir als einjährigem Baby, einem Kochtopf, einem Koffer und einer Decke, erzählen sie immer. Während meine Mutter Deutsch nur gehört hatte und es nach dem Abitur erst lernte, hatte mein Vater zu Hause immer Deutsch gesprochen. Er fand sofort Arbeit, und sie haben sich unglaublich wohl in dieser neuen Umgebung gefühlt. Aus diesem ursprünglich geplanten einem Jahr wurden bis heute über vierzig Jahre.

Somit bin ich hier aufgewachsen, in Berlin-Wilmersdorf, in einer total areligiösen Familie, mehr in einem migrantischen

Haushalt als in einem jüdischen. Wenn ich später gefragt wurde, ob ich Deutsche oder Israelin bin, habe ich gesagt, ich bin beides. Das habe ich immer so gefühlt. Was ich allerdings als Kind vermisst habe, war, die jüdischen Feiertage zu begehen. Irgendwann haben meine Schwester und ich dies auch eingefordert. Wir waren so neidisch auf die Kinder, die Weihnachten feierten! Nicht nur die Geschenke: dieser ganze Glitzer und Glamour! Ich fand das immer so schön, diesen Schmuck, den man im Kindergarten und später in der Schule bastelte. Es gibt die legendäre Geschichte, dass ich meine Eltern bekniet habe, ich möchte auch einen Weihnachtsbaum haben. Meine Eltern haben gesagt: »Nein, wir sind Juden, wir haben keinen Weihnachtsbaum.« Daraufhin rief meine Mutter ihren Bruder, meinen Onkel, an und erzählte ihm diese Geschichte, worauf er sagte: »Kauf ihr doch einen Weihnachtsbaum, sie wird deswegen schon keine Nonne werden!« Auf einem Foto, ich bin fünf oder sechs Jahre alt, sitze ich strahlend zwischen Chanukkia und meinem kleinen Weihnachtsbaum, ganz selig.

Wie meine Eltern definierten sich auch viele ihrer Freunde als Israelis und weniger als Juden. Erst mit der Zeit wurde das Jüdischsein zum Thema. Das merkt man interessanterweise auch jetzt bei den vielen Israelis in Berlin, die in den letzten Jahren gekommen sind: Sie kommen als Israelis und werden hier mit der Zeit zu Juden. Da gibt es oft eine Entwicklung, weil das Jüdischsein für sie nie infrage gestellt wurde, und hier ist es plötzlich ein Thema, auch in der Auseinandersetzung mit Deutschland, mit der spezifischen Geschichte dieses Landes. Irgendwo ereilt sie dich dann doch, die Historie. Und plötzlich gehen sie in die Synagoge und sehr bewusst in jüdische Communities, auch um eine Form von Jüdischkeit zu erleben. Sie suchen einen Anknüpfungspunkt, weil sie merken: Das macht was mit mir hier.

Und so bin ich dann doch auch jüdisch aufgewachsen – wenn auch nicht im religiösen Sinne. Meine Schwester und ich, wir waren überall meist die einzigen Juden. Meine Eltern haben uns auf eine normale Grundschule geschickt, wir sollten aufwachsen wie alle anderen auch.

Als Jugendliche habe ich zweitweise meine sehr jüdische Phase gehabt. Es war diese Identitäts- und Wurzelsuche in der Pubertät, auch die Anklage gegen meine Eltern: Warum habt ihr uns nicht jüdischer aufwachsen lassen? Ich bin auf Machanot gefahren, war auch später Madricha, und gleich die erste Reise war fantastisch – eine Bildungsreise mit vielen Jugendlichen nach Portugal, Spanien und Israel. Auf den Spuren jüdischen Lebens.

Dennoch habe ich immer gemerkt, dass ich ein bisschen anders bin, weil ich aus einem politisch linken Haushalt komme und weil es eine spezifisch israelische – nicht: jüdische – Erfahrung gibt. Da waren sehr viele Jugendliche, die Israel nur als Urlaubsland kannten, es unglaublich überhöht haben. Und ich kam mit einer eher kritischen oder besorgten Haltung gegenüber Israel an. Natürlich habe ich eine unglaubliche Liebe zu diesem Land, aber es bricht mir das Herz, zu sehen, was dort passiert. Ich wünsche mir sehr viel mehr Mut zu wirklichem Frieden, auch auf der palästinensischen Seite. Wir wissen, die Situation ist komplex. Eine kritische, analytische Haltung der anderen hat mir auf diesen Reisen gefehlt. Ich war sowieso sehr politisiert als Schulsprecherin in Berlin – total engagiert, schon immer. Dass ich Jüdin bin, war nie Thema, es war eine

Selbstverständlichkeit. Es gab Momente, die waren eher philosemitisch. Man liest im Deutschunterricht ›Nathan der Weise‹, und die Deutschlehrerin sagt: »Shelly, erzähl doch mal«, und du denkst, was soll ich denn erzählen? Oder es hieß: »Was, du kommst aus Israel?!?« Oh! Heiligenschein! Übersprungsreaktion, ein Dahinschmelzen ...

Später dann habe ich in Berlin studiert, Musik- und Theaterwissenschaften und Publizistik, und parallel fing ich beim damaligen RIAS an, zu moderieren und Beiträge für die ARD zu drehen. In diesem Zusammenhang habe ich die Erfahrung gemacht: »Ach, die Kupferberg ist doch Jüdin ...«. Ich wurde oft als Hofjüdin angesprochen. Palästina-Israel: »Shelly, möchtest du da nicht ...?« Relativ schnell habe ich gesagt: »Nein, das will ich nicht.« Ich habe auch jüdische Themen gecovert, aber eben nicht nur. Mir war unglaublich wichtig, nicht die jüdische Journalistin Shelly Kupferberg zu sein. Ich bin Journalistin. Kulturjournalistin. Nichts weiter. Alles andere war und ist mir zu klein, zu provinziell, zu festgelegt, zu schubladig, zu uninteressant. Ich empfand jüdisches Leben in Deutschland oft als sehr provinziell. Es konnte auch gar nicht anders sein, weil es minimalst klein gewesen ist.

Es hat sich viel getan in den letzten 20 Jahren, weil so viele Juden, darunter auch so viele Kreative gekommen sind. Ich empfinde das jüdische Leben heute als wahnsinnig vielfältig und vielstimmig. Aber ich wollte nie journalistisch darauf festgelegt werden. Heute moderiere ich alles, was Kultur, Politik und Gesellschaft ist. Auch im Bereich Antidiskriminierung, Antirassismus, Demokratieerziehung, und das hat wiederum viel mit meiner Herkunft zu tun. Ich trage ein gewisses Antennensensorium in mir für all diese Themen. Das ist mir viel wichtiger als nur das Jüdische. Und wenn ich zu jüdischen Themen angefragt werde, dann hat das etwas mit einer gewissen Expertise und einem Feingefühl zu tun. Es macht ja einen Unterschied, wer wie fragt. Das erlebe ich auch selbst, spüre viel Unbeholfenheit, Befangenheit, Tabuisierung, Verkrampfung. Es geht schon los bei der Bezeichnung: »Hast du einen jüdischen Hintergrund? Jüdische Wurzeln? Bist du Jüdin?« Das können viele immer noch nicht aussprechen. Und das hat eine Geschichte.

Ich bin da ganz klar und sage: »Bitte, fragen Sie, was Sie wollen. Ich antworte auf alles. Ich sage Ihnen auch, wenn ich die Frage seltsam finde.« Ich sehe mich da durchaus als Brückenbauerin. Spüre dennoch, dass die Sensibilität offenbar ganz klare Grenzen hat, was mich erschüttert und erstaunt. Da beschuldige ich gar nicht die mich fragende Person, sondern es ist ja ein Symptom. Es zeigt, dass irgendwas in unserer Aufarbeitung schiefgegangen ist, und das schockiert mich. Denn je älter ich werde, desto mehr rückt dieses jüdische Thema dann doch in den Mittelpunkt meines Lebens. Und ich bin darüber erschüttert, wie wenig man in Deutschland über Juden weiß.

Vor ein paar Jahren habe ich mit einer Recherche für ein Buch angefangen, das im Herbst 2022 erschienen ist. ›Isidor‹ ist ein Teil meiner Familiengeschichte und hat mich noch mal sehr mit meiner eigenen jüdischen Geschichte konfrontiert. Du musst einen Weg finden, mit deinem Jüdischsein in Deutschland klarzukommen. Wenn du es nicht kannst, hast du ein Problem. Dann solltest du hier nicht leben, denn dann macht es dich meschugge. Das heißt für mich, das Thema Shoa in einen Tresor zu packen. Es gibt diese Tresortechnik als Bild, hat mir mal eine Psychologin erklärt. Du legst etwas da hinein, machst die Tür zu, schließt ab, verortest das irgendwo in deinem Körper, deiner Seele, deinem Geist, wo auch immer. Und bei Bedarf schließt du den Tresor auf und holst das Thema, das Gefühl heraus. Wenn du dich aber jeden Tag damit befasst, ist es keine besonders schöne Beschäftigung. Manche Leute tun es.

Ich glaube, dass ich anders durch die Welt gehe als viele nichtjüdische Menschen. Ich assoziiere ganz andere Dinge. Von der S-Bahn-Station in meiner Nähe fährt die Bahn in die eine Richtung nach Wannsee, in die andere nach Oranienburg. Da sagen manche vielleicht: »Na und?« Ich nicht. Berlin, diese vernarbte Stadt, erinnert mich an jeder Ecke an Geschichte, an den Holocaust. Wannsee, der Ort der Wannsee-Konferenz. Oranienburg, da liegt das KZ Sachsenhausen. Sowieso: Ich habe bei deutschen Gleisen bestimmte Assoziationen. Ich kann kein Gelb tragen, ich kaufe auch keine gestreiften Pyjamas. Ich gehe über Flohmärkte und denke, woher kommt das Zeug? Ich habe mir von meinem ersten Moderationsgehalt ein altes Biedermeiersofa gekauft. Musste aber vorher sichergehen, dass es nicht aus Deutschland stammte. Vielleicht Spinnereien, aber es ist Realität. Das arbeitet in mir.

Dazu gehört für mich auch sogenanntes Othering, also Differenzerfahrung zu spüren. Ich spreche akzentfrei Deutsch, ich werde erst mal nicht als eine Ausländerin oder als jemand gelesen, der zu einer Minderheit gehört. Aber es gibt Momente, die mir total fremd sind. Deutsche Behaglichkeit, deutsche Bierseligkeit – da spüre ich: Ich gehöre nicht dazu. Und wenn die jetzt wüssten, dass ..., dann ... Ich denke, es ist kein Wunder, dass ich mit einem Ausländer verheiratet bin. Ich könnte sicherlich auch mit einem nichtjüdischen deutschen Partner zusammensein, aber es birgt andere Diskurse und Klippen. Wenn du Bilder der Familie im Zweiten Weltkrieg präsentiert bekommst oder sogar Frontfotos des Großvaters, da spürst du ein Unbehagen. Mein Jüdischsein fühlt sich für mich an wie ein sechster Sinn. Und der hat viele positive Seiten. Sensibilisierung, die ich konstruktiv nutzen kann. Mit meiner hybriden Identität kann ich viele Brillen aufsetzen: die israelische, die jüdische, die nichtjüdische, die deutsche. Und sehen, wie wirkt das jetzt auf mich? Ich empfinde das als großes Potenzial und nicht als Belastung.

Ich spüre da in mir eine sehr große Kraft. Und diese Kraft habe ich auf ganz extreme Weise gespürt, als ich in Auschwitz-Birkenau mit einer deutschen nichtjüdischen Gruppe war. Ein Teil meiner Familie stammte aus Galizien, ich wollte nie nach Polen, das galt für mich als verbrannte Erde. Ich hatte ganz große Angst vor dieser Reise. Habe sogar überlegt, welche Schuhe ich mitnehme, welchen Schuhen kann ich diesen Boden, voll des Horrors, zumuten; welche Klamotten nehme ich mit, die muss ich danach wegwerfen ...? Ich will nicht beschmutzt werden durch diesen Ort. Und dann war ich dort und habe gemerkt: Keine der Information, die ich bekomme, ist neu. Weil ich damit aufgewachsen bin. Meine Eltern haben uns nach Yad Vashem mitgenommen, da war ich neun. Die Shoa, die Vernichtung war irgendwie immer ein Thema in meinem Leben. Ich beschäftige mich mit den Fragen, seitdem ich klein bin. Und deshalb war die große Erkenntnis aus dieser Reise komplett banal, aber vielleicht ist das die Essenz meines Jüdischseins in Deutschland: das Phänomen, dass Opferfamilien, selbst wenn geschwiegen worden ist, wissen, was los war, Täterfamilien aber nicht. Da ist so viel gedeckelt worden, bis heute. Das hat natürlich Konsequenzen, und das unterscheidet unser Dasein in Deutschland. Wie auch der Luxus, zu entscheiden, ob ihr euch damit beschäftigen wollt. Als Jude hast du gar keine Chance, dich damit nicht zu beschäftigen. Du musst für dich einen Weg finden, damit umzugehen.

DANIEL GROSSMANN

Geboren am 15. Dezember 1978 in München
Dirigent, Gründer und Leiter des Jewish Chamber Orchestra Munich
Lebt in München

MEIN JÜDISCHSTER MOMENT?

2013 hatten wir eine Einladung nach Wien, da gab es ein großes Kantoren-Konzert und wir sollten sie begleiten. Und dieser erste Moment, in dem mir in der Probe mit den Kantoren bewusst wurde, was diese kantorale Musik eigentlich wirklich ist, wenn weltberühmte Kantoren diese Musik singen, das war schon ein Moment, in dem ich das Gefühl hatte, näher an die Religion und näher an den Glauben an eine höhere Macht werde ich nicht mehr kommen. Neben einem Kantor zu stehen, für den es da um Leben und Tod geht beim Singen, diese Kraft zu spüren, das ist schon noch mal eine andere Kraft als die, die in der klassischen Musik steckt. Man spürt, das ist geschrieben von Menschen, die der festen Überzeugung sind, dass sie über diese Musik mit einer höheren Macht kommunizieren.

Ich wollte schon mit drei Jahren Dirigent werden. Das war 1982, eine ›Othello‹-Vorstellung in der Staatsoper mit Ádám Fischer, Cousin meiner Großmutter, der dirigierte, und meine Eltern nahmen uns Kinder einfach mit. Wir saßen in der ersten Reihe, heute ist das anders, aber damals saß man direkt hinter dem Dirigenten. Und ich kann mich absolut daran erinnern, wie er hereinkommt, anfängt zu dirigieren, und ich denke: Was macht der, das ist ja toll.

Später habe ich ganze Autofahrten durch dirigiert. Ich war schon ein Nerd: Mit zehn Jahren habe ich zu Weihnachten die Gesamtaufnahme vom Ring bekommen. Mit vierzehn, fünfzehn habe ich mich sehr viel mit zeitgenössischer Musik beschäftigt. Aber nicht nur mit diesem: Wer waren die verfolgten Komponisten?, sondern auch mit jüdischen Themen in der klassischen Musik. Und 1999 hatte ich zum ersten Mal die Idee, ein Orchester zu gründen. Für mich war immer klar, ein Ensemble haben zu wollen, das meine künstlerischen Ideen transportiert. Das war das, was mich interessiert hat. Eine eigene Stimme zu haben, indem ich Einfluss darauf habe, was gespielt wird und wie das gespielt wird. Und damit jüdische Kultur, jüdische Religion in die Öffentlichkeit zu bringen auf eine sehr niederschwellige Art und Weise. Man kauft sich eine Karte, geht hin, erfährt etwas, geht heim.

Das ist das, was Kultur leisten kann. Formate finden, wo man auf eine künstlerische Art und Weise mit dem Thema umgeht und die ganze Breite zeigt. Das heißt für mich, dass jedes meiner Konzerte einen Miniteil vom Judentum beleuchtet. Aber es setzt sich halt mit der Zeit zusammen wie ein Mosaik und es ergibt sich ein Bild. Es ist nicht bei jedem Konzert so, dass man sagt: »Klar, jetzt habe ich was vom Judentum erfahren.« Das ist nicht mein Ziel. Mein Ziel ist, dass wir als Orchester eine jüdische Institution sind. Die Musikerinnen und Musiker, die mitspielen, können jüdisch sein, müssen es aber nicht. Wichtig ist mir, dass ich mit Menschen zusammenarbeite, die eventuell aus einem vollkommen anderen Hintergrund kommen, aber ein Interesse für das Thema zeigen. Die dann nicht plötzlich auch Jude sein möchten, also nicht dieser philosemitische Schmarrn, sondern die einfach sagen: »Die Konzerte faszinieren mich, weil sie ganz anders sind als bei dem Orchester, in dem ich sonst spiele.«

Weltweit gibt es kein anderes Orchester, das sich einem gesellschaftlichen Thema so verschrieben hat und auf diesem Niveau mit jüdischen Themen umgeht. Alle unsere Konzerte haben einen roten Faden. Wir haben zum Beispiel ein Konzert gemacht zur Immigration von Juden in Shanghai und dabei unter anderem ein Stück von einem jüdischen Komponisten gespielt, der nach Shanghai geflohen ist, und dann den letzten Satz aus dem ›Lied von der Erde‹ von Gustav Mahler aufgeführt, aber in einer original chinesischen Version. Dafür hatte ich mit einem chinesischen Komponisten zusammengearbeitet, der in New York lebt und sich interessiert für die Verbindung der chinesischen Volksmusik mit der westlichen Kunstmusik. Dazwischen wurden auf Leinwänden Interviews gezeigt mit Personen, die als Kinder in Shanghai waren und mit denen ich speziell über das kulturelle Leben der Juden dort gesprochen habe. Das Ganze spannte den Bogen von der Immigration in Shanghai nach Europa mit Gustav Mahler und dann aber auch zu heute. Denn was ist der Bogen von einem zeitgenössischen chinesischen Komponisten zur westlichen Welt, in der die meisten Juden dann doch leben? Das ist für mich ein Konzert, weil das ein Konzept ist. Man muss verstehen, warum mache ich das Konzert und was sagt das Konzert in der heutigen Zeit? Deshalb erzähle ich dem Publikum auch kurz, warum ich die Stücke ausgewählt habe. Und wenn ich das begründen und eine Geschichte erzählen kann, dann ist es eben für mich ein Konzert. Wenn ich das nicht kann, dann ist es Kunst für die Kunst. Dann ist es Schwelgen in Schönheit. Kunst aber muss schon eine Aussage haben.

Wir machen natürlich auch ganz klassische Erinnerungsprojekte. Aber einfach nur ein Stück zu spielen, das in Auschwitz aufgeführt oder komponiert wurde, das ist für mich kein Erinnerungsprojekt. Für mich bedeutet Erinnerungsprojekt auch Inhalt, zum Beispiel Themenkonzerte zu Komponisten, die verfolgt wurden. Aber ich kann nicht ein Konzert machen, bei dem ich sage »Die Theresienstädter Komponisten«. Neulich habe ich einen Satz von Ruth Klüger gelesen, den fand ich wunderbar: »Man sagt, ich sei die Schriftstellerin aus Auschwitz, aber ich bin in Wien geboren«. Genau das ist es: Diese Komponisten hatten ein Leben vor Theresienstadt. Und anstatt es als makabre Werbeaktion zu gestalten, erzählen wir das Leben des Menschen. Dadurch gewinnt dieser Mensch die Würde zurück. In anderthalb Stunden kann ich nicht die Geschichte des Holocaust aufarbeiten, aber ich kann ein kleines Mosaiksteinchen herausnehmen und sagen: »Das ist auch eine Geschichte, die mit dem Holocaust zusammenhängt«.

Es gibt den Film ›Nacht und Nebel‹, das ist der allererste Film, der über die Konzentrationslager gedreht wurde. Man sieht Bilder aus Konzentrationslagern kurz nach der Befreiung – Bilder, die die Amerikaner aufgenommen haben. Unglaublich brutale Bilder, und dagegengeschnitten sind Bilder – der Film ist Anfang der Fünfzigerjahre gedreht –, wo schon Gras und Büsche über die Ruinen wachsen. Das sind sehr poetische Bilder. Da drüber liegt ein ins Deutsche übertragener Text von Jean Cayrol, einem französischen Dichter, der selber im Konzentrationslager war. Die Musik ist von Hanns Eisler. Wir zeigen diesen Film als Stummfilm, haben einen jungen Schauspieler, der den Text live synchron zum Film spricht, und wir spielen die Musik zu den Bildern. Das wäre, für sich allein genommen, so ein klassisches Ereignis: Film und wir spielen die Musik dazu. Das reicht mir aber nicht. Deshalb führe ich im ersten Teil des Abends ein Gespräch mit einer der jüngsten Überlebenden von Auschwitz – sehr stark in Bezug auf unsere Kinder. Ihre Kinder sind zwischen Mitte dreißig und fünfzig, meine Tochter ist zehn, mein Sohn dreizehn. Im Endeffekt: Was bedeutet der Holocaust für unseren Alltag, was bedeutet er für unsere Kinder? Warum hat meine Tochter mit sechs Jahren gesagt: »Ich möchte keine Jüdin sein, weil ich nicht umgebracht werden will«? Für junge Menschen, für die wir das hauptsächlich machen, diesen Bezug herstellen, dass es nicht vorbei ist, das ist mir wichtig. Es ist eben nicht nur ein Blabla, dieses »Es wirkt fort«, sondern es wirkt wirklich in unserem Leben fort.

Mein Hauptpunkt ist tatsächlich, ich möchte Geschichten rund um das Judentum erzählen. Dabei missioniere ich niemanden. Mich interessiert auch nicht, ob jemand danach das Judentum mehr mag oder weniger mag. Mir geht's einfach nur darum, dass mich das Judentum fasziniert, dass es für mich extrem wichtig ist. Insbesondere der kulturelle Aspekt, für mich ist es nicht unbedingt eine Religion. Aber es ist schon so, dass ich durch meine Beschäftigung damit und natürlich auch durch die Konzerte, die ich mit synagogalen Kantoren mache, mehr Verständnis dafür entwickele, was orthodoxe Juden fühlen, wie sie leben. Es gibt auch Momente, wo ich diesem Gefühl, dass es etwas geben muss, was eine größere Macht ist, näher bin als sonst.

Ich bin in München so aufgewachsen, dass meine Eltern nie wirklich einen großen Bezug zur Jüdischen Gemeinde hatten. Auch nicht viele jüdische Freunde hatten. Sie stammen aus Ungarn und wurden beide vollkommen assimiliert erzogen. Natürlich mit einem jüdischen Background, aber eben einem kulturellen, keinem religiösen. Das »Wir sind Juden« war schon ein großes Thema in der Familie. Allerdings haben meine Eltern meiner eineinhalb Jahre älteren Schwester und mir in den Achtzigerjahren erklärt: »Ihr müsst nicht jedem sagen, dass ihr Juden seid.« Aber in der Schule wussten es alle Lehrer, alle Mitschüler. Als meine Schwester elf, zwölf war, fing sie an, sich sehr intensiv mit dem Holocaust zu beschäftigen. Auch das Nachfragen in der Familie verstärkte sich. Das ging schon von ihr und später auch von mir aus, und wir gingen dann zu einer Jugendorganisation der israelitischen Kultusgemeinde. Darüber kamen auch mehr Kontakte zur Jüdischen Gemeinde zustande.

Heute bin ich mit einer nichtjüdischen Frau verheiratet. Meine Kinder sind Vaterjuden und können sich aussuchen, ob sie sich jüdisch fühlen oder nicht. Und was die Gesellschaft drüber denkt, wird ihnen – hoffe ich – schnurzpiepegal sein. Insofern war es für mich auch kein Thema, ob meine Frau jüdisch ist. Mir ist wichtig, dass sie ein Verständnis dafür hat, was das Jüdische an mir ist. Und uns beiden ist wichtig, dass die Kinder in dieser jüdischen Tradition, wie ich sie lebe, aufwachsen. Das entsteht aber auf eine ganz natürliche Weise, weil es schon durch meine Arbeit permanent ein Thema ist.

© Jonas Bayer

ANNA STAROSELSKI

Geboren am 2. April 1996 in Stuttgart
Präsidentin der Jüdischen Studierendenunion Deutschland (JSUD), Studentin
Lebt in Berlin

MEIN JÜDISCHSTER MOMENT?

Es gibt viele, aber jede jüdische Hochzeit – da fühle ich mich einfach wahnsinnig jüdisch, weil ich ein Teil davon bin. Ich bin jedes Mal sehr, sehr bewegt, wenn durch die vielen Rituale, die aufeinanderfolgen, eine jüdische Familie gegründet wird. Vor allem in Deutschland finde ich es sehr stark, zu sehen, dass jüdisches Leben weitergeht und die Nachhaltigkeit der Tradition sichergestellt ist.

Dass ich jüdisch bin, wusste ich immer. Meine Mama hat uns früh aus der Kinderbibel vorgelesen – nicht aus der Thora – und hat gesagt, das sei die Geschichte unseres Volkes. Sie ist eine sehr spirituelle Person und wollte uns die Nähe zum Judentum aufzeigen. Aber dadurch, dass meine Eltern aus der ehemaligen Sowjetunion kommen, waren ihnen die jüdischen Traditionen fern, weil sie in ihren Familien nicht weitergegeben worden waren. Trotzdem war es meiner Mutter wichtig, dass wir uns damit auseinandersetzen, und hat uns deshalb in den jüdischen Religionsunterricht geschickt. Das Judentum war so zwar ein Bestandteil unseres Lebens, aber wir haben es nicht praktiziert. Das kam erst, als mein Bruder und ich mehr über die jüdische Tradition lernten und beschlossen, sie in die Familie zurückzubringen. Meine Eltern freuten sich, denn die jüdischen Feiertage stellen die Familie ins Zentrum – das hat uns alle zusammengebracht.

In der Schule hingegen war es anfangs unangenehm, zu meiner jüdischen Herkunft zu stehen. Ich wollte nicht exotisch oder anders sein, ich wollte als Teil der Klasse gesehen werden. Es gab mal eine Situation, da ging es im Geschichtsunterricht um die Shoa und meine Lehrerin fragte, ob ich vielleicht lieber den Klassenraum verlassen wollte. Ich glaube, sie wollte sensibel sein, und habe es ihr nicht übelgenommen, aber gesagt: »Nur weil ich Jüdin bin, bedeutet das nicht, dass ich nicht auch etwas über die Geschichte dieses Landes lernen möchte.« Und ja, es wurden auch immer wieder Shoa-Witze gemacht von den Mitschülern. Kinder können gemein sein, und wenn sich eine Fläche bietet, wo man jemanden angreifen kann, dann scheuen sie nicht davor zurück. Aber mich hat das richtig mitgenommen. Damals habe ich auch meine Eltern gefragt: »Warum bin ich jüdisch? Ich will das eigentlich nicht.«

Irgendwann habe ich durch Machanot mein jüdisches Selbstbewusstsein stärken können. Denn dort habe ich das erste Mal gesehen, dass ich nicht die einzige Jüdin im Raum bin, dass es bundesweit Kinder gibt, die jüdisch und trotzdem cool sind, mit denen ich gerne Zeit verbringe. Das hat mich bestärkt, mich in der Schule und im Alltag als Jüdin zu outen. Ich habe entschieden, ich stehe jetzt dazu. Ich muss das nicht bekämpfen, denn das gehört zu mir. Meine Mutter holte mich nach der ersten Machane vom Flughafen ab und war total erstaunt, dass ich – sichtbar – das T-Shirt mit den hebräischen Buchstaben trug und mich nicht dafür schämte. Ich war zwölf, und das war tatsächlich ein sehr entscheidendes Erlebnis für mich.

Ich bin dann noch ein paar Mal auf Machanot gefahren und habe, als ich siebzehn war, auch die Ausbildung zur Madricha gemacht. Die Zentralwohlfahrtsstelle der Juden in Deutschland bietet dafür Seminare an. Wenn man danach noch eine Machane für Gleichaltrige durchgeführt hat, kann man als Madrich oder Madricha mit Kindern und Jugendlichen auf Machane fahren, Programm für sie gestalten und dabei jüdisches Wissen und Werte weitergeben. Das war mir wichtig, weil man der jüdischen Herkunft und Identität sowieso nicht entfliehen kann. Diese Auseinandersetzung hat mein Leben wahnsinnig bereichert. Es ist etwas ganz Besonderes: Man lernt, mit Verantwortung umzugehen – und mit Verantwortung meine ich meine jüdischen Wurzeln. Ich habe eine Verantwortung, die jüdische Tradition weiterzugeben.

Vielleicht spielt dabei Deutschland eine Rolle. Es ist ein gutes Zeichen, dass man hier heute so ein vielfältiges jüdisches Leben hat und damit an die Geschichte vor 1933 anknüpft. Deutschland war so wichtig für die Entwicklung des Judentums in der Welt. Die Neo-Orthodoxie ist hier entstanden und das liberale Judentum. Es gab viele Intellektuelle, die die Gesellschaft bereichert haben. Dass ich in dieser Tradition stehen darf, das finde ich sehr schön. Vermutlich war Deutschland für meine Identitätsfindung auch prägend wegen seiner Geschichte der Shoa. Denn wenn in einer Unterhaltung klar wird, dass ich jüdisch bin, werde ich automatisch auf die Verbrechen des Nationalsozialismus angesprochen. Als sei es unumgänglich. Die Gesprächspartner arbeiten sich dann an der eigenen Familiengeschichte ab und sagen: »Meine Großeltern/Urgroßeltern haben einen Juden versteckt.« So viele Juden gab es gar nicht, wie versteckt worden sein sollen. Oder die Diskussion wird auf den israelisch-palästinensischen Konflikt gelenkt. Meistens werde ich dann in die Rolle einer Botschafterin für Israel gesteckt und gezwungen, mich zu rechtfertigen. Deswegen war es für mich auch so wichtig, mich darüber zu bilden und zu wissen, wie ich in so einer Situation bestehen kann.

Gleichzeitig sehe ich das aber auch als eine große Möglichkeit, um aufzuklären. Weil wir immer noch nicht so weit sind, dass es ein Verständnis über jüdisches Leben in Deutschland oder über Israel gibt. Der Status quo ist, dass du dich als Jude in einer ambivalenten Struktur aufhältst. Einerseits möchte die Gesellschaft mehr Sichtbarkeit und mehr Verstehen – dieses Jüdische ist irgendwie mysteriös, was machen die denn da? – und andererseits ist es immer eine individuelle Abschätzung, ob man sich outen will oder nicht. Denn da wird plötzlich alles, was man sagt, automatisch mit dem Jüdischsein verbunden.

Es ist dann nicht mehr der Student, es ist der jüdische Student. Und dazu kommt: Fühle ich mich noch sicher, wenn ich erkennbar jüdisch bin? Das ist leider eine Frage, die sich viele Juden stellen. Stellen müssen.

Sichtbarkeit einerseits und Sicherheit andererseits, das ist auch ein relevanter Aspekt bei unseren Veranstaltungen der Jüdischen Studierendenunion. Wir wollen einen offenen Austausch ermöglichen, aus Sicherheitsgründen können wir aber den Tagungsort nur nach Anmeldung und Prüfung der Person angeben. Das ist belastend, aber man wächst damit auf. Das gehört quasi dazu, dass man durch eine Sicherheitsschleuse in die Synagoge geht und dass vor jeder jüdischen Institution die Polizei steht. Jüdinnen und Juden wissen, dass sie vorsichtig sein müssen. Das haben wir verinnerlicht.

Ich merke aber, dass sich mein Sicherheitsgefühl gewandelt hat in der letzten Zeit – dass ich mehr berücksichtige, wo ich mich gerade aufhalte, welche Menschen mich umgeben, was die Menschen in der Hand haben. Mir ist geraten worden, dass ich beim Landeskriminalamt prüfen lasse, wie denn meine Sicherheitslage aussieht. Auf der Straße sehe ich mich um, weil ich nicht weiß, ob bestimmte Antisemiten mich auf dem Schirm haben. Aber auch diese Debatte müssen wir anstoßen. Es kann doch nicht sein, dass Leute, die exponiert jüdisch in der Öffentlichkeit auftreten, Sicherheitsschutz bekommen. Deswegen braucht es Menschen, die darüber reden. Auch wenn ich bei Gesprächen oder Interviews das Gefühl habe, dass ich das alles schon hundertmal gesagt habe und dass wir uns im Kreis drehen. Aber wenn wir nicht weitermachen, dann haben wir verloren. Ich bin noch nicht bereit aufzugeben.

Und ja, ich bekomme häufiger verachtende Nachrichten, manchmal Drohungen, auch Äußerungen, die sich gegen meine Familie richten. Meine Eltern sagen, dass wir an Feiertagen nicht so laut singen sollen, damit die Nachbarn es nicht hören. Die Angst ist da, es gibt in jeder jüdischen Familie vererbte Traumata. Denn die Shoa-Geschichte ist noch nicht so lange her und hat alle Familien mittelbar oder unmittelbar betroffen. Und darüber hinaus: An jedem einzelnen Feiertag erinnern wir an ein Ereignis der Geschichte des jüdischen Volkes, bei dem die Juden fast vernichtet worden wären, sie sich aber durch Wunder oder Gottes Hilfe am Ende retten konnten. Man feiert die Widerständigkeit und dass es den Judenhassern nicht gelungen ist, das jüdische Volk auszurotten. Vererbtes Trauma ist also tatsächlich Kernbestandteil der jüdischen Tradition. Das trägt vielleicht auch bei zur Resilienz der Gemeinschaft, weil man mit dieser Leidensgeschichte und immer mit der Herausforderung des Antisemitismus konfrontiert ist.

Meine Eltern haben in der Ukraine noch in einem System gelebt, in dem es sehr unvorteilhaft war, jüdisch zu sein. Wir hingegen, heute in Deutschland, werden nicht als Juden so diskriminiert, dass man beispielsweise seinen Beruf nicht frei wählen kann. Und dennoch wird einem von den Eltern zu einem Vorstellungsgespräch mitgegeben: »Du musst nicht unbedingt sagen, dass du jüdisch bist.« Man hat schon noch die Sorge, dass die jüdische Herkunft zum Nachteil ausgelegt werden könnte.

Trotzdem geht meine Generation viel offener damit um, weil auch Widerstand ganz bedeutend und identitätsstiftend ist. Auch wenn man über die Shoa spricht, möchte man sich von der Opferrolle lösen. Übrigens waren viele aus den Staaten der ehemaligen Sowjetunion zugewanderte Juden keine Opfer. Ihre Eltern und Großeltern kämpften zum Teil in der Roten Armee auf der Seite der Befreier. Wir sind keine Opfer und wir wollen auch nicht als Opfer gesehen werden. Natürlich muss man darüber sprechen, was im Nationalsozialismus geschehen ist, auch über Kontinuitäten muss gesprochen werden. Und es bedarf neuer Wege bei der Erinnerungskultur. Aber das selbstbewusste Jüdischsein, das spielt in meiner Generation eine große Rolle. Ich erinnere mich daran, wie das war, in der Schule die Jüdin zu sein. Ich wollte das verleugnen und von mir weisen. Dass es auch heute noch Kinder gibt, die ihr Jüdischsein verstecken, sich dafür schämen oder sogar deshalb gemobbt werden, damit kann ich nicht leben. Ich will nicht, dass meine Kinder in einer Gesellschaft aufwachsen, in der das der Fall ist. Das motiviert mich, weiter gegen Antisemitismus zu kämpfen.

Dazu gehört auch meine Arbeit in der Jüdischen Studierendenunion, denn bislang haben die Bedürfnisse von jungen Jüdinnen und Juden an den Universitäten wenig bis keine Berücksichtigung gefunden. Für Studierende, die religiös sind, ist es ein großes Problem, Klausuren oder Staatsexamen zu schreiben, wenn diese auf einen Feiertag fallen. Das Judentum ist die einzige Religion, die ein dogmatisches Schreibverbot an Feiertagen hat. Es gibt 39 Arbeitsverbote an Feiertagen, und besonders an den Hohen Feiertagen ist es vielen religiösen Studierenden wichtig, sich an diese Vorschriften zu halten. Das bedeutet aber, dass sie ihre Klausuren oder Examina verschieben müssen. Entsprechend verzögert sich ihr Studium, was, wenn sie ein Stipendium haben oder Bafög bekommen, finanzielle Probleme mit sich bringt, weil sie dann aus der Regelstudienzeit fallen. Dabei ist das alles nur eine organisatorische Frage, denn Feiertage sind ebenso wie Examenstermine lange im Vorfeld einsehbar. Auch zu diesem Thema sind wir im Austausch mit politischen Stakeholdern auf Bundes- und Länderebene und wollen, dass die Problematik endlich in den Bildungsministerien ankommt und bei der Kultusministerkonferenz ernst genommen wird.

Die Jüdische Studierendenunion Deutschland ist eine politische Interessenvertretung von Jüdinnen und Juden im Alter zwischen 18 und 35, und wir agieren auf zwei Ebenen. Zum einen richten wir unseren Blick in die Community hinein, indem wir den Austausch unter den Jüdinnen und Juden und mit den Gemeinden ermöglichen, Seminare anbieten und regionale Studierendenverbände in ihrer Arbeit unterstützen. Zum anderen wirken wir nach außen und wollen die Stimmen junger Jüdinnen und Juden in der Gesellschaft hörbar machen und unseren Aktiven politische Partizipation nahebringen. Dabei arbeiten wir mit Organisationen, Verbänden und Bündnispartnern bei Themen wie Minderheitenrechte oder Umweltschutz, der auch aus jüdischer Perspektive betrachtet werden kann. Schon talmudische Quellen sagen, dass der Mensch die Verantwortung hat, die Natur zu schützen.

Meinungspluralismus ist eines meiner Lieblingsthemen, weil es gar nicht mehr so einfach ist, mit Menschen zu diskutieren, die anderer Meinung sind. Ich setze mich dafür ein, dass wir zu einer sachlichen Debatte zurückkommen, dass man respektvoll miteinander umgeht und im Rahmen der freiheitlich-demokratischen Grundordnung auch alles sagen kann, was sich innerhalb dieser befindet. Und auch da: Der Talmud ist ein gutes Exempel dafür, dass Rabbiner miteinander diskutiert haben, die unterschiedliche

Meinungen hatten, aber der gegenseitige Respekt stand immer im Mittelpunkt. Ihre Diskussionen wurden auch im Sinne des Meinungspluralismus geführt, der ist also quasi dem Jüdischsein inhärent.

Ich kann mir schon vorstellen, im politischen Betrieb zu bleiben. Mein Vorbild ist Ignaz Bubis *(1992-99 Präsident des Zentralrats der Juden in Deutschland, die Verf.)*. Er war ein großer Liberaler, Shoa-Überlebender und hatte, obwohl er die Hölle auf Erden erlebte und seine Familie ermordet wurde, so eine große Liebe zu den Menschen, dass er für sich die Verantwortung gesehen hat, die Gesellschaft zum Guten zu verändern. Und er hatte damals noch mit einer ganz anderen Gesellschaft zu tun! Trotzdem hat er sich dafür eingesetzt, dass Minderheiten Schutz erfahren und auch das jüdische Leben in Deutschland langfristig und nachhaltig stattfinden kann. Ich möchte daran anknüpfen und eines Tages sagen können, dass sich doch vieles zum Guten verändert hat.

© Oleg Farynnyuk

DANIEL KAHN

Geboren am 11. September 1978 in Detroit, USA
Musiker, Sänger, Schauspieler
Lebt in Hamburg

MEIN JÜDISCHSTER MOMENT?

Ein Moment ist nicht mehr jüdisch als ein anderer ... Also, vor ein paar Tagen ist meine Mutter aus den USA angereist. Ich fand es schön, dass es ein Freitag war und wir die Schabbes-Lichter anzünden konnten. Das machen wir nicht immer, aber wenn wir die Gelegenheit haben, backen wir auch Challe und machen eine Broche. Das war ein sehr jüdischer Moment. Aber ich habe das Gefühl, es war genauso jüdisch, dass wir am nächsten Tag Bacon gegessen haben – weil wir auch treife schätzen.

Meine reine Anwesenheit berechtigt Menschen, alles abzuladen. Sie kommen zu mir und erzählen mir lange Geschichten. Meistens von ihrer Familie: »Mein Großvater war Nazi« oder »Er war Widerstandskämpfer«. Die sind nicht alle gleich, diese Geschichten. Aber es ist immer so nach dem Auftritt, während ich meine Gitarre einpacke. Sie haben ein Bedürfnis, mit jemandem zu reden, ohne dass ich etwas dazu sage. Sie wollen einfach etwas loswerden. Es ist nicht, dass sie von mir Bestätigung wollen oder Erlösung oder Vergebung. Eine Frau hat sich bei mir entschuldigt: »I want so say I'm sorry.« – »Okay. For what?« – »For history.« – »Yes. I'm sorry too. But what you want? It was bad.«

Ich bin in Detroit als assimilierter Jude aufgewachsen, sehr liberal. Trotzdem habe ich neben meiner säkularen Schule eine intensive jüdische Ausbildung gehabt. Es gab die Sunday School am Wochenende und die Vorbereitung auf die Bar Mizwa. Ich war im Chor und in einer Jugendgruppe, aber die hat mich nie interessiert. Es war eine Geschichte der Entfremdung, ich wurde durch diese Ausbildung enttäuscht von der Version der jüdischen Kultur. Es ist eine dünne Suppe, diese bürgerliche american religious identity as lifestyle. Alles ein bisschen entwurzelt. Diese Literatur, diese Sprache, diese Musik, diese Geschichte – nichts davon habe ich gelernt. Weil das nicht Teil der neuen Vorstellung des assimilierten Juden war.

In den Suburbs in Amerika habe ich als junger Jude auch keine jiddische Literatur oder Poesie kennengelernt. Damals habe ich Allen Ginsberg und Walt Whitman gelesen oder Pablo Neruda und Bertolt Brecht in Übersetzung. Diese Poeten habe ich geliebt, aber ich wusste nichts von Moyshe-Leyb Halpern oder Kadya Molodowsky, Avrom Sutzkever oder Itzik Manger. Nicht mal von Isaac Bashevis Singer oder Sholem Aleichem. Das war alles vergessen, verdrängt, verschwiegen. Deswegen kann ich auch nicht über die Ignoranz der Deutschen über die jiddische Kultur sprechen, denn ich bin mit der Ignoranz der Juden über die jiddische Kultur aufgewachsen. Das ist kein deutsches Problem, die Welt will diese Kultur nicht schätzen. Das hat viel mit Zionismus zu tun. Und Traumata. Und Assimilation oder was man hier Integration nennt. Ich weiß nicht, warum man da kein Interesse hat.

Ich habe Interesse und deswegen bin ich diesen Weg gegangen. Und so, wie ich Poesie, Lyrik, Literatur liebe, liebe ich auch Musik: Gospel, Punkrock, Jazz, Klassik, Hip Hop, alles. Aber von jüdischer Musik, von jiddischer Musik hatte ich keine Ahnung. Dabei ist diese Musik gut, die Lieder sind gut, ihre Geschichten relevant. Die Menschen, die sich heutzutage mit dieser Kultur auseinandersetzen, sind gute Freunde geworden. Das ist eine Familie. Und es ist nicht so, dass sie etwas *über* diese Kultur machen, sie *sind* die Kulturschaffenden. Ein Lehrer von mir hat gesagt: »Es gibt keine jiddische Kultur, es gibt jiddische Kulturen.« Und in dieser Welt bin ich ein Emigrant, mein Jiddisch ist überhaupt nicht perfekt. Man kann die Sprache lernen und beherrschen, ich beherrsche sie gar nicht. Ich lerne sie immer noch.

Angefangen hat es mit Liedern, natürlich. Das erste jiddische Lied, das ich je gesungen habe, war ›Dona, Dona‹. Ich habe es in einem Humanistic Temple in Detroit gehört. Es gibt verschiedene Richtungen im Judentum: orthodox, konservativ, konservativ orthodox, modern orthodox, liberal, Chassiden, Lubawitscher, Satmarer. Und seit dreißig, vierzig Jahren gibt es eine Bewegung, die tatsächlich in Michigan angefangen hat, mittlerweile gibt es davon weltweit viele Gemeinden, die nennt sich Secular Humanism. Ein Reform-Rabbi hat die Bewegung gegründet. Nach seiner Auseinandersetzung mit dem Holocaust hat er gesagt, einen Gott gebe es für ihn nicht mehr, aber wieso muss das heißen, dass er kein Jude ist, kein Rabbiner, keine Synagoge haben kann? Die Gemeindemitglieder haben Schabbat, Bar und Bat Mizwa, Hochzeiten. Sie feiern die Feiertage, pflegen eine jüdische Identität. Aber da hat Gott nichts zu suchen. Auf der Bima steht ›Adam‹, also Mensch, Mann. Sie schreiben eine neue Liturgie, sie adaptieren viel, aber nehmen Gott raus. Es hat gar nicht mit Spiritualität zu tun, sondern mit Gemeinschaft, mit Ethik, mit Tradition, mit Bewusstsein.

In dieser Synagoge habe ich ›Dona, Dona‹ gehört und es 2002 als American Singer-Songwriter für mein erstes Album aufgenommen. Dann hab ich angefangen, Klezmer-Akkordeon zu lernen, jiddische Lieder zu lernen, jiddische Lieder zu singen, jiddische Lieder ins Englische zu übersetzen und schließlich die jiddische Sprache zu studieren in New York am Institute for Jewish Research. Ich habe Workshops gemacht, habe Lehrer gehabt, habe mit anderen Sängern und Sängerinnen gearbeitet und dadurch die Musik der Sprache gelernt. Aber wie gesagt, mein Jiddisch ist bei Weitem nicht perfekt.

Jiddisch übrigens heißt jüdisch auf Jiddisch. Jiddische Sprache ist die Sprach von de Jidden. Was jiddisch und auch jiddische Kultur ist – diese Fragen werden in Deutschland in den Medien seit Jahrzehnten immer wieder gestellt und klar beantwortet. Aber dieser Diskurs wird nirgendwo gespeichert. Wir haben Festivals, wir haben Workshops, aber solange die Kultur, die Sprache, die Musik nicht institutionalisiert werden und gepflegt und respektiert, bleiben wir bei null und müssen immer wieder diese Artikel lesen: »Was ist Klezmer? Wer spielt diese Musik? Ist das alles Kitsch? Hat das nur mit Schuldgefühl zu tun oder ist das eine echte Musik? Wird das von echten Juden gespielt? Was sagen die Israelis dazu? Was ist eigentlich jiddisch? Sprechen das nur diese ganz komischen chassidischen Juden? Diese Shtetl-Juden in New York oder in Israel? Ist das nicht ausgestorben? Haben wir das nicht ausgelöscht?« Man widerspricht diesen blöden Sätzen, bietet Information an über eine lebende Kultur, die überall auf der Welt gepflegt und geschätzt wird. Die Antworten werden gedruckt, und ein Jahr später wird man wieder von einem Journalisten gefragt: »Was ist das eigentlich?«

Jiddisch wurde im Shtetl gesprochen, und ein Shtetl hatte 20.000 oder 50.000 Menschen, aber nicht nur Juden, auch Polen oder Ukrainer oder Rumänen oder Belarussen oder Litauer oder Deutsche. Es gab Shtetl, die im Habsburger Reich lagen oder in Ostpreußen waren. Shtetl hat auch eine breitere metaphorische oder kulturelle Bedeutung. Shtetl-Kultur ist urbane Kultur, ist kosmopolitische Kultur, ist globale Kultur. Das waren weltliche Leute, gebildete Leute. Großteils haben sie mehr als zwei Sprachen gesprochen, die Männer alle Jiddisch und Hebräisch und durch das Studium des Talmud auch Aramäisch. Natürlich auch Polnisch, und dann war die Verwaltung entweder russisch oder deutsch. Und auch wenn man nur auf Jiddisch las, war das Dostojewski, Nietzsche, Hamsun, Heine, Puschkin. Ja, das war eine moderne Kultur, modern im Sinne von übernational. Man hat in Warschau Lieder gesungen, die in New York geschrieben wurden. Man hat in Shanghai Zeitungen aus Buenos Aires gelesen. Jiddische Theatertruppen bereisten die Welt.

Ein Journalist hat mal zu mir gesagt: »Leider war nach 1945 diese Kultur ermordet.« Und ich sagte: »Nein, es wurden Menschen ermordet, Millionen Menschen, ganze Familien, ganze Gemeinschaften wurden ermordet. Aber eine Kultur kann man nicht ermorden.« Das ist eine faschistische Idee, dass man eine Kultur ermorden kann. Es ändert sich, es ist dynamisch, es wird verdrängt, aber es wird nicht ausgelöscht. Ich würde gern die faschistische Kultur ermorden, aber das kann ich nicht. Und das sehen wir heute, dass die nicht ermordet worden ist. Wir haben sehr hart versucht, die Welt zu entnazifizieren? Haben wir nicht, absolut nicht. Das sind noch sehr spannende Gedanken für das 21. Jahrhundert, diese Idee von einem Volk, dieses völkische Denken. Und das ist kein rein deutsches Phänomen. Völkisches Denken ist ein menschliches Problem, und das würde ich sehr gern ermorden. Wird aber nicht möglich sein. Und so leicht kann man auch nicht die jiddische Kultur ermorden.

Interessant ist, das Wort Kultur wird auch biologisch verwendet – man züchtet eine Kultur. Das heißt, es ist etwas Lebendiges und dynamisch. Es ist niemals statisch, kein Stillstand, nichts für das Museum. Es ist ein Lebewesen. Und in dem Sinne könnte man rein theoretisch eine Kultur ermorden. Aber solange es einen Menschen gibt, der diese Kultur vertritt, geht sie weiter. Eine Kultur ist etwas, das nicht außerhalb der Menschen existieren kann. Und für jeden Menschen ist diese Kultur eine andere Sache. Es ist eine Sprache vielleicht, die man teilen kann. Es ist ein Kommunikationsmittel. Aber das muss leben, das muss atmen. Und es geht auch nicht um einen Menschen, es gibt mehr als eine Million Jiddisch sprechende Menschen. Die meisten sind orthodoxe Charedim in Israel, New York, Antwerpen, Wien, London,

Paris, Zürich, Berlin, Australien. Ich kenne Leute überall auf der Welt, die Jiddisch sprechen. Neben anderen Sprachen, Jiddisch hat nie ohne andere Sprachen existiert – eyn loshn iz keynmol nisht genug, eine Sprache ist nicht genug. Yeva, meine Frau, hat auch Jiddisch gelernt und wir arbeiten viel an Übersetzungen. Sie ist in Russland geboren und übersetzt zwischen Russisch und Deutsch und Englisch – eyn loshn iz keynmol nisht genug. Unser Sohn Leon wächst mit vier, fünf Sprachen auf.

Zurzeit sind wir in Hamburg zu Hause. Aber mein Zuhause, das ist sehr diffus. Es ist nicht vorübergehend, aber überallgehend. Ich fühle mich zu Hause bei meiner Familie auf unserem Schiff. Bei meinen Freunden. Auf der Bühne. In unserem Auto, wir haben ein altes Feuerwehrauto. Ich fühle mich zu Hause, wenn ich eine Gitarre oder ein Klavier vor mir habe. Es ist mehr eine Stimmung als ein Ort. Darüber habe ich viele Lieder gemacht, das ist mein Hauptthema. Heimat sei ein unübersetzbarer Begriff, hat mir mal jemand gesagt, den gäbe es nur auf Deutsch. Das ist Quatsch, vielleicht braucht man zwei Wörter, um die gleiche Idee auszudrücken. Aber jede Sprache hat einen Begriff für das Gefühl, dass man zu Hause ist. Auf Jiddisch sagen wir heymisch. Wenn man auf Jiddisch von der alte heym spricht, dann geht es nicht um ein Haus oder einen Ort. Die alte heym heißt Europa. Und das kann Rumänien oder Bessarabien oder Berlin sein.

© Andreas Schmidt

HELENE SHANI BRAUN

Geboren am 5. Juli 1997 in Hannover
Rabbinatsstudentin, Mitgründerin von Keshet Deutschland e.V.
Lebt in Berlin

MEIN JÜDISCHSTER MOMENT?

Als ich Freundinnen meine Vitrine gezeigt habe für die ganzen Kiddusch-Becher und Menora und die Chanukka- und Schabbat-Kerzen und für das ein oder andere Buch, was auch alles noch mal gut aufgestockt wurde durch das Shoppen in Jerusalem während meiner Zeit in einer Jeschiwa, in der ich mir dann doch auch ein, zwei, drei Tallitot gekauft habe für verschiedene Anlässe. Der jüdischste Moment überhaupt, wenn du so viele Tallitot zu Hause hast, dass du einen Minjan und einen Gottesdienst in deinem Wohnzimmer halten kannst.

Jetzt ist es ganz anders. In der Schulzeit war mein Freundeskreis eher nichtjüdisch, ich war auf keiner jüdischen Schule. Irgendwann haben sich die Schulfreunde dann gemischt mit einem jüdischen Freundeskreis, weil ich in der liberalen Gemeinde in Hannover aufgewachsen bin. Aber heute ist es eigentlich nur noch die Bubble. Für andere jüdische Menschen, selbst wenn sie auf eine jüdische Schule gegangen sind, ist ja spätestens die Universität der Berührungspunkt mit anderen. Bei mir ist es genau andersherum – durch den Studiengang jüdische Theologie mit dem Schwerpunkt Rabbinat und der Ausbildung zur Rabbinerin am Abraham Geiger Kolleg in Potsdam.

Weil ich nicht wusste, was ich nach der Schule machen soll, habe ich mich für ein freiwilliges soziales Jahr in meiner Gemeinde entschieden und bin dann im Zuge der Jugendarbeit – ich war auch Betreuerin auf Ferienfreizeiten – in die Staaten eingeladen worden zu einer großen jüdischen Konferenz der World Union for Progressive Judaism, um dort die Jugendabteilung zu vertreten. Und da habe ich mit jungen Rabbinerinnen darüber gesprochen, was sie machen und wie sie dahin gekommen sind. Ich habe gesehen, dass sie ganz andere Berührungspunkte mit jüngeren Menschen haben, einfach aufgrund des Alters. In Deutschland haben wir auch Rabbinerinnen und Rabbiner, die nicht alle siebzig plus sind. Aber so ganz jung, so nah an der jungen Generation gibt es eben doch wenige. Es ist gut, wenn das Rabbinat so divers wie möglich aufgestellt ist, nicht nur was Sprache und Kultur und Hintergrund angeht und Männer und Frauen, sondern auch vom Alter her divers aufgestellt ist, sodass am Ende jeder jüdische Mensch die perfekte Ansprechperson findet. Für manche ist das ein älterer Mann, aber für manche ist es vielleicht auch eine jüngere Frau. Und deshalb habe ich mich an der Uni eingeschrieben und bin nach ein paar Interviewrunden auch am Kolleg angenommen worden.

Ich lerne da, was zur Ausübung des Rabbinats gehört. Die Liturgie, auch das Singen. Oder auch die Praxis der Praxis, zum Beispiel die Durchführung des Gottesdienstes: Wie stehe ich vorne, wie bewege ich mich durch den Raum, wie nehme ich die Thora heraus, wie lege ich sie auf den Tisch? Oder wie werden die Feiertage angeleitet? Und dann Beerdigungen und Hochzeiten, wo auch gern der Rabbi oder die Rabbinerin am Ende schuld ist an allem, was schiefläuft, weil man ja immer irgendwen braucht. Worauf muss geachtet werden? Dass es auf jeden Fall unter der Chuppa keinen Rotwein gibt, sondern Weißwein wegen des Kleides. Steht die Chuppa richtig? Ist das Glas zum Zertreten da?

Natürlich treffe ich auch traditionelle oder orthodoxere Personen. Ich finde das total schön; manchmal kommen dann nicht so schöne Worte von der orthodoxen Seite, manchmal ist es ein sehr schöner Austausch. Wir haben verschiedene Welten und wir leben verschiedene Dinge und sind anders aufgewachsen, aber man kann sich ja austauschen und das interessant finden und dann wieder getrennte Wege gehen. Wirklich angegriffen worden bin im echten Leben noch nicht, in den sozialen Medien gab es die eine oder andere, ich würde mal denken, eher orthodoxere Person, die mir mein Judentum absprach oder schrieb: »Eine Frau als Rabbiner, das geht gar nicht«. Oder: Ich könnte das ja alles machen, aber dann wäre ich eigentlich gar nicht jüdisch. Auch im Zusammenhang mit Feminismus und queer – das würde doch alles gar nicht passen. Eine Person hat mir mal geschrieben, dass ich nach dem Motto lebe: Ich male mir die Welt, wie sie mir gefällt.

Ich biete nur eine Möglichkeit an. Freue mich über Menschen, die zu mir kommen und denen ich weiterhelfen oder mit denen ich gemeinsam beten kann. Aber ich will überhaupt niemanden überzeugen. Genauso wie ich Menschen mit anderen Denominationen neben mir leben lasse, sollen die mich einfach neben sich leben lassen. Es ist doch schön, wenn das Judentum divers ist und es Angebote gibt. Und ich mache eben das Angebot für eine sehr spezielle Zielgruppe. Auch über soziale Medien, weil das andere Möglichkeiten bietet für Menschen, auf mich zuzukommen. Was sie im echten Leben vielleicht gar nicht schaffen würden, weil sie nicht wissen: Wo ist eine Gemeinde, wo spreche ich einen Rabbi an, wie trifft man den denn überhaupt? Im Internet ist die Hemmschwelle geringer. Da kann man mich anschreiben, wenn man Literatur oder Filme sucht, die jüdisches Leben behandeln. Was auch oft kommt, sind Menschen, die für die Schule oder an der Uni Hausarbeiten schreiben und gern einen Einblick haben würden. Oder was es immer noch sehr viel gibt, sind Personen meiner Generation oder der darüber, die jetzt herausfinden, dass es bei ihnen eine jüdische Familienvergangenheit gibt, und die nicht wissen, wohin mit dieser Information. Wenn du diese jüdische Welt nicht kennst, stehst du vor verschlossenen Türen. Was für mich so unvorstellbar ist, für mich ist ja alles bunt und offen.

Wahrscheinlich habe ich aus meiner Erziehung so eine Selbstverständlichkeit dafür, dass alle sein können, wie sie wollen, und auch zusammen sein können und lieben können und heiraten können, wen sie wollen. Liegt am Ende immer daran, wie man persönlich sein religiöses Leben auslebt – das lasse ich mir als Privatperson ja nicht vorschreiben. Aber dann habe ich erfahren, dass für manche Menschen Religion und Queersein gar nicht so gut zusammengehen und dass es für andere vielleicht nicht so einfach ist. Da kommt Keshet ins Spiel, der Verein, den ich damals mitgegründet habe, um Menschen zusammenzubringen, um sicheren Raum für sie zu schaffen. Und auch um in den Gemeinden aufzuzeigen, dass sich queere Menschen da nicht willkommen fühlen, und in den queeren Kreisen aufzuzeigen, dass sich dort jüdische Menschen oft nicht willkommen fühlen.

Mir war klar, dass ich da auf jeden Fall aktiv bin, weil es mir ein wichtiges Anliegen ist, das nach außen zu tragen, eine Ansprechperson zu sein und auch mit diesen Themenfeldern in die Kinder- und Jugendarbeit zu gehen. Auch da niemandem was aufdrängen, einfach nur aufzeigen. Denn ich weiß von der Zeit der Machanot, dass auch Kinder schon Fragen dazu haben. Und dass es wichtig ist, dass sie wissen: Es gibt den Verein oder die und die Person, mit der man reden kann. Ganz im Vertrauen, auch ohne Eltern. Ich hatte selber als Teenager meine Gedanken und Fragen und wusste nicht so richtig, wie und wohin. Nicht in meiner Familie, da wäre das kein Problem gewesen.

Dadurch dass ich groß geworden bin mit einer Mutter, die mir immer aufgezeigt hat, ich kann alles machen, ich kann alles werden, und dass ich damals in meiner liberalen Gemeinde auch Rabbinerinnen gesehen habe, ist das immer schon meine Welt gewesen. Auch weil sie für Akzeptanz steht: Alle Menschen sind willkommen, auch alle LGBTQIA-Menschen. Das findet sich in Deutschland meines Wissens so klar formuliert nur im liberalen Judentum. Spannend ist übrigens die Frage nach Feminismus in den verschiedenen Denominationen. Ich habe auch im orthodoxen Judentum schon Feministinnen kennengelernt. Es gibt dort eine sehr genaue Vorstellung von der Rolle der Frau und der des

Mannes. Mit der ich erstens nicht groß geworden bin und zweitens mich darin auch nicht wiederfinde. Aber das heißt ja nicht, dass Frauen in der Orthodoxie und im modernen Orthodoxen und in allen anderen Denominationen sich nicht als Feministin bezeichnen können.

Im Moment mache ich noch meinen Bachelor, dann meinen Master. Den Master in jüdischer Theologie muss man haben, um Rabbinerin zu werden. Ebenso wie einen neunmonatigen Aufenthalt in Jerusalem mit einem Programm in einer konservativen Jeschiwa – eine sehr intensive Zeit des Textstudiums. Das bringt viel, um zu verstehen, wie das Judentum funktioniert. Egal, wie du es lebst, die Quellentexte sind alle dieselben: im Talmud die ganzen Kommentare, die es dazu gibt, und dann wurde ja weiter von außen dazu kommentiert, und noch mehr verschiedene Auslegungen, und wie wird das gesehen in den verschiedenen Denominationen ... Aber erst mal ist es interessant, sich den Originaltext anzuschauen. Nicht, dass ich das jetzt groß interpretieren könnte, ich bin schon froh, wenn ich verstehe, worüber wird hier überhaupt gesprochen. Und selbst wenn man es übersetzt hat – Hebräisch habe ich in der Uni gelernt, sowohl biblisches als auch modernes, weil beides zum Hebraicum gehört –, ist das ja kein Gespräch, sondern es sind immer Rabbis, die etwas diskutieren und sich dabei sonst wohin verlaufen. Spannend, sich dieses Verständnis zu erarbeiten: Wo kommt das überhaupt alles her?

Für mich ist Jüdischsein Tradition und Weitergabe von Tradition. Vielleicht wegen meines Familienhintergrunds. Auch wenn bei meiner Mutter das Judentum in ihrer Erziehung nicht so präsent war, ist doch etwas hängengeblieben von den Traditionen der Familie. Und so ist es auch mit den Traditionen, die ich jetzt von meiner Mutter übernommen habe und dann weitergebe. Ein Großteil der jüdischen Menschen in Deutschland lebt säkular, aber Tradition, wo auch Rituale oder Brauchtümer hereinspielen, das ist ja doch vielen sehr wichtig. Tradition hält alles zusammen.

Ich bete dreimal am Tag, morgens mit Tallit. Der traditionelle ist weiß mit schwarzen Streifen oder mit blauen, manchmal noch mit Silber oder Gold. Aber heute gibt es auch schmalere für Frauen und alle Farben und Muster. Und ja, ich trage einen Davidstern. Tagsüber offen, abends eher nicht. Wenn ich mit anderen unterwegs bin, eher ja, wenn ich allein unterwegs bin, eher nicht. Wenn ich nachts allein unterwegs bin, U-Bahn, packe ich ihn immer ein. Immer. Ich frage mich oft, ob ich wirklich denke, dass was passiert, wenn nicht. Aber es ist dieser Gedanke da, du willst es nicht riskieren. Das ist schon traurig genug, dass es diesen Gedanken gibt, weil ich viele im Freundeskreis habe, denen eben doch schon mal was passiert ist. Und dieses die Umgebung checken, das hab ich auch. Dass ich in der Bahn schon sehr genau darauf achte, in welchen Vierer setze ich mich. Und überall immer mit dem Blick zur Tür.

© Marcus Hoehn/laif

PROF. MICHAEL BARENBOIM

Geboren am 21. September 1985 in Paris, Frankreich
Violinist, Konzertmeister des West-Eastern Divan Orchestra, Dekan der Barenboim-Said Akademie
Lebt in Berlin

MEIN JÜDISCHSTER MOMENT?

Wahrscheinlich die Bar Mizwa. Da erinnert man sich schon, wie man mit gebrochener Stimme versucht, irgendwelche Sachen zu singen. Ich verstehe es bis heute nicht, warum das sein muss. Aber man macht's dann halt. Witzigerweise ist das für jemanden, der auf Bühnen geht und auftritt, schon mal eine gute Übung: Wie bereitet man sich vor? Wie muss man es einüben? Ich habe versucht zu lernen, wie man genau diesen Textabschnitt liest. Ich spreche kein Wort Hebräisch, es war vollkommen phonetisch.

In unserem Orchester wird, wenn es Ereignisse wie die Unruhen in Gaza im Mai 2021 gibt, immer darüber geredet. Aber noch mehr war es damals in der Akademie ein Thema. Wir haben Stunden dafür anberaumt, um uns zu treffen und das zusammen zu besprechen, zu verarbeiten. Solche Situationen sind schwer für alle. Wir haben Studierende aus Israel, aber auch aus den Besetzten Gebieten, wir haben jemanden aus Gaza hier – es ist schon heikel. Aber gerade deshalb gibt es die Akademie: dass wir offen reden können. Und auch im Orchester hatten wir in der Vergangenheit immer wieder Diskussionen bei solchen Ereignissen. Diskussionen zwischen den Musikern und auch größere organisierte Diskussionsrunden, und danach diskutieren die Grüppchen weiter unter sich. Auch gemischte Gruppen, das sehe ich immer gern. Wir sind da, um zu zeigen, dass so etwas geht. Wir machen es anders, wir machen es besser als die israelische Regierung, finden wir, weil wir eben miteinander reden. Und diese Diskussionen sind durchaus kontrovers.

In der Akademie sind es 75 Prozent, die aus Nahost, also Israel, Jordanien, Ägypten, Libanon, Syrien, Iran, Türkei und so weiter kommen. Im Orchester sind es noch ein bisschen mehr. Es ist ein israelisch-arabisches Orchester, wir haben keine religiöse Komponente. Wir gucken nicht, ob die Araber christliche Araber sind oder muslimische Araber oder ob die Israelis jüdische Israelis sind oder nicht. Für uns ist die Herkunft wichtig. Es gibt Ausnahmen, wenn zum Beispiel Leute aus Europa im Orchester sitzen, dann sind es Aushilfen oder sie studieren hier. Aber eigentlich sind wir ein Orchester aus dem Nahen Osten. Und das einzige weltweit, das in keinem der Heimatländer seiner

Musiker spielen darf. Ramallah 2005 war eine Ausnahme – und sehr gefährlich.

Wir haben damals durch großartige Unterstützung der spanischen Regierung Diplomatenpässe bekommen, damit alle die Grenze der Westbank überqueren konnten. Die israelischen und europäischen Musiker flogen nach Tel Aviv, die israelischen sind zu ihren Familien nach Hause gefahren, die europäischen direkt nach Ramallah und haben dort zwei Nächte verbracht. Die arabischen Musiker, also die mit den Pässen aus dem Libanon, Syrien, Jordanien, Ägypten und so weiter, durften nicht auf israelisches Staatsgebiet. Das sind ja die Besetzten Gebiete, deswegen ist die Grenzkontrolle eine israelische. Die Musiker sind deshalb nach Amman geflogen und über die Grenze nach Ramallah gefahren. Und am Tag des Konzerts sind dann die israelischen Musiker mit gepanzerten Fahrzeugen und Sicherheitsleuten nach Ramallah gebracht worden. Sie durften das Gelände des Konzertsaals nicht verlassen und mussten, nachdem wir das Konzert gespielt hatten, sofort zurückfahren nach Israel, damit sie nicht auch nur eine Nacht in Ramallah verbringen. Das alles zeigt, was in diesem Konflikt eigentlich gar nicht geht und dann doch möglich ist. Es haben alle zusammengearbeitet. Die Westbank hat kooperiert, natürlich auch wir, so viel wir konnten, und die israelische Regierung musste ihr Okay und auch die Sicherheitsgarantien geben. Das war einzigartig. Es wäre heute nicht mehr möglich. Es ist alles schlimmer geworden.

Wir könnten auch nicht in Israel spielen. Ich weiß auch gar nicht, ob das von der israelischen Seite gewollt wäre. Und wenn, wäre die nächste Schwierigkeit: Wir haben iranische Musiker, wir haben syrische Musiker, wir haben libanesische Musiker, die alle eigentlich nicht einreisen dürften. Wir können auch nicht in Teheran spielen, nicht in Beirut, nicht in Damaskus. Wir können überall spielen, nur nicht da, wo die Leute herkommen. Es ist skurril, aber es ist so.

Bei mir zu Hause wurde nicht religiös erzogen, wir sind eine säkulare Familie. Die ersten sieben Jahre habe ich in Paris gelebt, und gerade in Frankreich wird säkulare Erziehung, säkulare Bildung für ganz wichtig gehalten. Es ist mir auch nicht groß aufgefallen, dass ich Jude bin, weil ich nicht der einzige war. Ich kann mich auch nicht erinnern, später in Berlin in einer Schulkasse gewesen zu sein, wo ich der einzige jüdische Mensch gewesen bin. Dass da nicht so viele waren, das kann sein. Aber das Jüdischsein war weder innerhalb noch außerhalb der Schule ein Thema. Wir haben auch keine religiösen Feste gefeiert. Zumindest nicht so, dass Leute eingeladen wurden, zum Beispiel zum Feiern von Yom Kippur. Das haben wir nie gemacht, auch heute nicht. Ich bin zwar schon vor meiner Bar Mizwa in eine Synagoge gegangen, aber genauso gut hätte das auch eine Kirche sein können. Da trifft man ja auch nicht nur Leute, die beten wollen. Was Religion angeht, hatte ich wirklich kaum etwas damit zu tun.

Das Jüdischsein, so wie ich das verstehe, ist ja nicht unbedingt nur eine Religionszugehörigkeit. Jüdischsein hat sich einfach so entwickelt über die Jahrhunderte hinweg. Die Definition davon war schon immer unklar, weil es mehrere Facetten gibt. Neben der religiösen Facette gibt es auch viele jüdische Menschen, gerade hier, die überhaupt nicht gläubig sind. Ich denke, viel von dem, was wir mit Jüdischsein verbinden, kommt durch die Persekution in den letzten zweitausend Jahren. Dadurch hat sich ein Abwehrmechanismus entwickelt, auch kollektiv, der teilweise nicht nützlich ist in der gegenwärtigen Lage. Und dieser Abwehrmechanismus führt dazu, dass man damit mehr verbindet als nur eine religiöse Kerngemeinschaft. Es würde niemand von sich behaupten, »Ich bin Christ«, wenn er nicht gläubig wäre. Zumindest habe ich das noch nie gehört. Aber: »Ich bin jüdisch und glaube nicht an Gott«, das habe ich öfter gehört. Jüdischsein ist also schon irgendwie eigen, es ist schon was anderes. Aber das religiöse Element ist nur ein Teil davon.

Es ist auch nicht so, dass mich der religiöse Aspekt meines Jüdischseins nicht interessiert. Ich habe nur einfach gar keinen Draht dazu, auch nicht zu der Gemeinde in Berlin. Ich kenne wirklich viele, die nicht in der Gemeinde sind. Ich habe auch nicht jüdisch geheiratet, das war mir vollkommen egal. Und auch meine Bar Mizwa war etwas, das man halt macht. Es ist eins dieser Rituale, die früher noch mehr und ernsthafter eine Rolle spielten. Ich weiß nicht, ob heute jüdische Familien, die wenig Bezug zur Synagoge haben, das noch machen. Und ich glaube nicht, dass wir das machen mit meinem Sohn und meiner Tochter. Sie sind ja formal auch nicht jüdisch, deswegen kommt das eigentlich gar nicht infrage. Sie müssten dafür konvertieren.

DEBORAH HARTMANN

Geboren am 27. Oktober 1984 in Wien, Österreich
Politikwissenschaftlerin, Leiterin der Gedenk- und Bildungsstätte Haus der Wannsee-Konferenz
Lebt in Berlin

MEIN JÜDISCHSTER MOMENT?

Solche Fragen gestellt zu bekommen ... Ich war schon erstaunt, als mir im Januar 2022 zum 80. Jahrestag der Wannsee-Konferenz ausnahmslos jeder Journalist, bevor man überhaupt einen Satz miteinander gesprochen hatte, die Frage stellte: »Wie ist es denn jetzt für Sie, als Jüdin hier zu sein?« Es ist legitim, das zu fragen. Ich verstehe das Interesse auch. Und trotzdem bleibt es merkwürdig, weil es so eine Reduktion ist.

Es war immer präsent, dass meine Großeltern geflohen sind. Dass das Haus, in dem ich aufgewachsen bin, arisiert wurde und von meinem Opa von der Republik Österreich zurückerkämpft werden musste. Dass das der Ort ist, wo seine Eltern abgeholt wurden. Das hatte auch viele unheimliche Komponenten. Man stellt sich das dann als kleines Kind vor, wie zum Beispiel diese Geschichte vom Opa, der sich auf dem kleinen Balkon verstecken musste.

Meine Großeltern sind vor meiner Geburt gestorben, deshalb konnte ich nicht so viel direkt erfragen. Aber weil es eben präsent war, habe ich mich schon immer für Geschichte und für das Thema Shoa interessiert und deswegen wollte ich mich damit mehr beschäftigen. In der Jugendorganisation habe ich ganz viel dazu gemacht und später nach der Schule auch im Jüdischen Museum in Wien gearbeitet. Die Richtung war also ziemlich früh klar.

Aufgewachsen bin ich in einem jüdischen Umfeld. Weil meine beiden älteren Schwestern nicht in jüdischen Schulen waren, gab es bei meinen Eltern den Wunsch, beim letzten Kind noch einmal zu versuchen, das Jüdische ein bisschen zu festigen. Und so kam es, dass ich im jüdischen Kindergarten gewesen bin, in der jüdischen Schule und in der zionistisch-sozialistischen Jugendorganisation. Insofern war das natürlich ganz stark das Umfeld, in dem ich mich bewegt habe. Bis heute kommen meine besten Freunde aus diesem Umfeld. Es ist tatsächlich so, dass wir unsere WhatsApp-Gruppen haben, zusammen auf Urlaub fahren, unsere Kinder miteinander befreundet sind.

Natürlich gab es Nichtjuden, mit denen man zusammen war, in meinem Basketballverein und in meinem Politikwissenschaftsstudium, aber da haben sich nie diese engen Freundschaften ergeben. Ich glaube, auch ein wenig, weil ich dann doch immer wieder auf Leute getroffen bin, mit denen ich bessere oder auch schlechtere Erfahrungen gesammelt habe. Die für meinen Geschmack eher einen unsensiblen Umgang mit bestimmten Themen hatten.

Beim Basketball, ich war vierzehn, fünfzehn, gab es in der Jungenmannschaft eine jüdische Person, und dann sagte mir ein Mädchen, mit dem ich schon irgendwie befreundet war: »Ist doch ganz klar, dass der jüdisch ist, der ist ja auch so blass wie du.« In dem Alter hatte ich noch nicht so richtige Strategien, um damit umzugehen. Oder auch zu sagen: »Was redest du da für einen Blödsinn?« Solche kleinen Situationen machen es schwierig, eine Freundschaft wirklich zu intensivieren. Ich habe erst später nichtjüdische Leute kennengelernt, mit denen ich mich auch angefreundet habe. Das war, nachdem ich besser wusste, was mir wichtig ist, wo für mich auch bestimmte Grenzen sind.

Und nein, es gibt nicht die eine Definition, was jüdisch ist. Da ist die Geschichte, da ist sicher was Kulturelles, was Sprachliches, was durchaus auch Religiöses, es hat was mit Identität zu tun – es ist ein Zusammenspiel von ganz vielen verschiedenen einzelnen Facetten. Bis hin zu einer Negativdefinition: Selbst wenn ich sage, ich bin nicht jüdisch, gibt es den Antisemitismus, der mich noch immer zur Jüdin macht – egal wie ich mich sehe. Das ist allerdings nicht die Form, auf die ich mich beziehe. Aber insgesamt für meine Person ist es tatsächlich von allem ein bisschen. Ich bin nicht super religiös, aber es gibt bestimmte Sachen, die sind mir wichtig. Zum Beispiel Feiertage, die wir mehr oder weniger traditionell einhalten. Aber das ist nicht das Haupttragende. Für mich ist Jüdischsein auch mit Israel verbunden. Natürlich auch, weil ich da lange gelebt und durch meine Eltern viele biografische Bezüge habe. Jüdischsein hat aber auch einen historischen Hintergrund. Insofern kann ich gar nicht sagen, dass da ein Aspekt stärker ausgeprägt ist als ein anderer, sondern es ist tatsächlich so wie ein bunter Kuchen.

Ich spreche Hebräisch, weil ich es im Kindergarten und in der Grundschule gelernt habe. Meine Mutter ist bilingual aufgewachsen, sie hat die ersten sieben Lebensjahre in Israel verbracht. Meine Oma hat bis zu ihrem Lebensende nicht einwandfreies Deutsch gesprochen, das heißt, ich habe meine Mutter und meine Oma immer gehört, wenn sie miteinander Hebräisch redeten. Es war also eine Sprache, die zuhause präsent gewesen ist. Mein Mann und ich haben mit unseren Kindern in Israel Deutsch gesprochen, damit sie sich mit den Eltern meines Mannes unterhalten können. Hier lernen sie auch Hebräisch, denn jetzt ist es mir wichtig, dass sie, wenn wir wieder zurück nach Israel gehen sollten, zumindest sprachlich keine Probleme haben.

Wo ich mich zuhause fühle, ist eine Frage, die kann ich ziemlich schnell beantworten. Das ist eher nicht Berlin. Ich bin nicht Mitglied der Berliner Gemeinde, bin noch Mitglied der Gemeinde in Wien. Man kann nicht Mitglied einer zweiten jüdischen Gemeinde sein, zumindest ist das in Deutschland so. Da bin ich noch mehr jüdische Wienerin als jüdische Deutsche. Wien ist immer ein Stück weit zuhause, weil in Wien immer alles so ist, wie man es kennt. Das Wohnhaus meiner Eltern, in dem ich aufgewachsen bin, ist noch immer das gleiche Wohnhaus. Das ist die Gegend, die ich kenne. Die verändert sich natürlich, trotzdem bleibt vieles gleich. Und wenn ich an Israel denke, dann würde ich das schon so beantworten, dass Israel natürlich auch mein Zuhause ist.

Und Berlin? Ich nehme es jetzt positiver wahr als vor zehn Jahren, als ich als Repräsentantin der pädagogischen Abteilung von Yad Vashem bereits schon einmal hier gearbeitet habe. Vielleicht hat sich auch Berlin ein Stück weit verändert. Und wenn man kleine Kinder hat, erlebt man so eine Stadt ja doch nochmal anders. Wirklich überrascht hat mich, mit dem Haus der Wannsee-Konferenz in ein Arbeitsumfeld zu kommen, dass sicher nicht frei von Konflikten ist, wo auch unterschiedliche Perspektiven anzutreffen sind, in dem es aber durchaus Menschen gibt, denen ich mich schnell verbunden gefühlt habe. Aber auch insgesamt erlebe ich den Austausch mit Menschen in Berlin jetzt anders: dass Leute bislang meistens positiv reagieren, wenn man sagt, man kommt aus Israel. In dieser Blase, in der wir uns bewegen, hat es mich erstaunt, dass wir doch recht selbstbewusst als jüdisch-israelische Familie leben und auftreten können. Dass es wenig seltsame Bemerkungen gibt, mehr ein Interesse und ein positives Aufnehmen. Wenn eine Nachbarin uns nach einem Monat ein Geburtstagsgeschenk für das Kind vor die Tür legt, hat das eher etwas, was ich aus dem israelischen Kontext kenne, weniger aus dem deutschsprachigen.

Jetzt im Haus der Wannsee-Konferenz zu arbeiten, nachdem ich erst in Berlin und dann in Jerusalem für Yad Vashem gearbeitet habe, empfinde ich an diesem Punkt meines Lebens als eine interessante Ergänzung. Opferseite dort – Täterseite hier? Es gibt Kollegen von mir, die sagen, es gibt keine Täter ohne Opfer und keine Opfer ohne Täter. Der Fokus in Yad Vashem ist natürlich ein ganz spezifischer, auch aus der Gründungsgeschichte dieser Gedenkstätte heraus. Trotzdem gibt es da auch das Verständnis, dass die Geschichte des Holocaust multiperspektivisch erzählt werden muss und dass dazu natürlich auch die Auseinandersetzung mit Täterschaft gehört. Und wenn man sich die früheren Ausstellungen im Haus der Wannsee-Konferenz ansieht, stand da das bürokratische Handeln der Tätergesellschaft im Vordergrund oder die bürokratische Beteiligung des Staatsapparats bis hin zur Beteiligung der deutschen Gesellschaft. Gleichzeitig gab es aber auch hier immer ein grundsätzliches Verständnis davon, dass wir nicht über die Entscheidungen und Handlungen der Täter sprechen können, ohne uns anzuschauen, welche Auswirkungen und Konsequenzen sie für die sogenannten Opfer gehabt haben. Man kann ja diese zwei Gruppen nicht getrennt voneinander betrachten. Aber während Yad Vashem oder auch die israelische Gesellschaft sich den Tätern über die Beschäftigung mit den Betroffenen annähert, nähern wir uns im Haus der Wannsee-Konferenz den Betroffenen über die Frage nach der Beteiligung der deutschen Gesellschaft und des deutschen Staates an. Ja, es ist ein Ort der Täter, der aber nicht ohne die Perspektive der Betroffenen zu verstehen ist. Insofern haben sich für mich immer schon die Perspektiven hier ergänzt oder miteinander vermischt.

Das Haus der Wannsee-Konferenz ist ja auch ein Ort, der gerade von jüdischen Gruppen, insbesondere von israelischen Gruppen, stark frequentiert wird. Denn das ist schon so ein Punkt, da hat man im Kopf: Das ist der Ort, an dem potenziell auch mein eigenes Schicksal oder das meiner Familie verhandelt worden wäre.

Für mich ist das auf eine gewisse Art und Weise weiter weg. Weil es auch in der Vorstellung nochmal abstrakter ist, denn wir wissen ja bis heute gar nicht zu 100 Prozent, was die Leute da geredet haben, gegessen haben, wie sie miteinander umgegangen sind. Wenn man es überspitzt formuliert, dann ist so ein Treffen von 90 Minuten, die die Konferenz dauerte, vielleicht schon fast so etwas wie eine belanglose Nebengeschichte. Wenn ich das direkt an meine Biografie koppele, würde ich sagen, dass der Ort, an dem ich aufgewachsen bin, dieses Wohnhaus in Wien, für mich persönlich eine viel stärkere Bedeutung hat. Diese Vorstellung, da wurde die eigene Familie verfolgt, vertrieben, dann kommt sie zurück, bekommt ihre Sachen nicht wieder, und es wohnen Leute meiner Generation da, von denen man auch nicht weiß, was haben denn deren Großeltern gemacht mit ihren jüdischen Nachbarn? Und ist es dann – für mich persönlich – nicht eher eine Zumutung, an einem solchen Ort zu leben, wo das Unrecht geschah, das Verbrechen, als im Haus der Wannsee-Konferenz zu arbeiten? Sicher gibt es manchmal Situationen, in denen das nicht einfach ist. Aber das ist weniger der Ort, das ist eher der Umgang mit dem Ort. Bestimmte Gespräche, Diskussionen, die man dort führt. Die machen es dann in dem einen oder anderen Moment vielleicht schwer.

JONATHAN KALMANOVICH – >BEN SALOMO<

Geboren am 17. November 1977 in Rechovot, Israel
Rapper, Autor
Lebt in Berlin

MEIN JÜDISCHSTER MOMENT?

Jedes Mal, wenn ich nach Israel reise und schon vom Flugzeug aus die Küste sehe, dann spüre ich diese Jahrtausende, die irgendwie in mir drin sind, die mir das Gefühl geben, diesen Sand, diesen Boden, diese Erde ganz intensiv zu kennen, zu spüren, zu riechen. Und wenn ich durch die Judäische Wüste fahre, habe ich das Gefühl, hier waren wir. Und hier sind wir wieder. Und hier werden wir immer sein. Ein besonderer jüdischer Moment war für mich auch, auf Masada zu sein – das große Symbol für den Willen jüdischer Selbstbestimmung. Ich habe einen Stein von dort mitgenommen nach Deutschland. Dieser Stein hat das alles erlebt.

Wenn ich als Kind meine Großeltern in Israel besuchte und Freunde von ihnen kamen, dann redeten die. Du kriegst das nur so im Hintergrund mit, du konzentrierst dich nicht darauf, du spielst, aber als deutschsprechender Junge konnte ich das Jiddische viel besser verstehen als jemand, der in Israel aufgewachsen ist und kein Wort Deutsch oder Jiddisch gelernt hat. Und davon ist mir unbewusst einiges hängengeblieben: dass es Verwandte gab, die nicht überlebt haben, oder dass eine Tante von Josef Mengele persönlich sterilisiert wurde. Mengele – wer das war, war mir damals noch nicht klar.

Wenn ich bei diesen Großeltern war, durfte ich alles erkunden, Schränke aufmachen, Fotoalben rausholen. Und dann findet man alte Fotos und sieht ganz große Familien. Und dann sind die Familien irgendwann doch nicht mehr so groß. Da kriegt man dann so ein bisschen mit. Aber man kann es noch nicht kontextualisieren. Wir spielten mal Schach, mein Opa und ich. Nach dem Spiel holte er plötzlich sein Gebiss aus dem Mund und legte es vor mir auf den Tisch. Ich war total entsetzt, fand es natürlich auch irgendwie eklig. Mein Opa ohne Zähne – ich war sechs, aber bis heute habe ich dieses Bild im Kopf. »Opa, wo sind denn deine Zähne?«, fragte ich. Und er sagte, dass ihm als Elfjährigen ein Wehrmachtssoldat mit einem Gewehrkolben die Zähne aus dem Mund geschlagen hat. Ich war auch davon total entsetzt. Dann fragte ich: »Aber warum?« Und er sagte, weil er Jude sei.

Heftig ist es für mich gewesen, dass ich als Elfjähriger, im selben Alter wie er, auch eine Anfeindung erlebt habe, weil ich Jude bin. Von meinem damaligen besten Freund. Zwei Jahre lang trafen wir uns immer nach der Schule auf dem Spielplatz. Und dann fragte er mich irgendwann: »Was bist du eigentlich, Joni?

Woher kommst du?« Mein bester Freund, südländisch aussehend wie ich. Ich sehe mich übrigens selbst als Orientalen. Juden sind Orientalen, auch wenn über Jahrtausende von erzwungener Diaspora, durch Vergewaltigungen und hier und da durch Vermischungen in den letzten 200, 300 Jahren vom Aussehen her ein wenig mehr Europäischeres in das Erbgut eingeflossen ist. Aber dafür, dass ich einer Familie entstamme, die schon vor 1.000 Jahren in Mainz nachweisbar war, bin ich offenbar relativ südländisch aussehend geblieben.

Am nächsten Tag trafen wir uns wieder, aber diesmal kam er mit zwei älteren Jungs. Und als sie nahe genug waren, pushten sie ihn nach vorne: »Greif ihn an, den Juden! Yahudi!« Ich war ziemlich klein und ziemlich dünn, eigentlich voll der Schwächling, hatte keine Ahnung, wie man sich wehrt, und dementsprechend eingeschüchtert und gelähmt. Aber als er ausholte zum Schlag, da war da der Gedankenblitz: Das ist ungerecht. Und dieses Gefühl machte aus Angst und Lähmung Wut und eine Aktion. Ich packte ihn, ließ mich fallen und kickte ihn über mich rüber. Hinter mir war eine Laterne, gegen die er knallte. Und plötzlich wichen die älteren Jungs zurück. Die waren natürlich überrascht von dem wahrscheinlich beeindruckend aussehenden Move. Ich war der Sieger. Aber fühlte ich mich wie ein Verlierer, weil ich meinen besten Freund verloren hatte. Aus dem Abstrakten der Erzählungen der Großeltern war etwas Konkretes im eigenen Leben geworden.

Natürlich habe ich meiner Mutter davon erzählt. Sie war in Sorge und später wollte sie, dass ich mein Davidstern-Kettchen zu Hause lasse. Viele in meiner Gegend hatten irgendwelche Kettchen. Mit Halbmond, mit Kreuz oder die Silhouette Israels, aber komplett in den Farben der Palästinaflagge, also ganz ohne Israel. Und ich sollte mein Kettchen verstecken. Aber wir waren Israelis und wir hatten eine israelische Mentalität. Dieses Versteckspiel, Diaspora-Jude sein und sich bedeckt halten, das ist mir nie beigebracht worden. Im Gegenteil, wenn ich bei meinen Großeltern in Israel war, wurde diese Mentalität der Stärke und der Normalität total aufgefrischt. Zurück war es dann ein Weg von der Freiheit in eine Art Käfig und dementsprechend schwierig für mich. Ich habe mich dagegen gewehrt und das sorgte für viele negative Emotionen, auch gegenüber meiner Familie: Warum sind wir nach Deutschland gekommen? Ich war wütend, bin es manchmal noch heute. Man möchte nicht für etwas angefeindet werden, wofür man nichts kann.

Als Achtzehnjähriger wollte ich in die israelische Armee, weil ich in einer Phase steckte, in der ich nicht wirklich wusste, wohin mit mir. Und weil ich es wegen der Geschichte für absolut notwendig halte, dass es Juden gibt, die ein jüdisches Refugium, ein Ureinwohner-Reservat für Juden, schützen und aufrechterhalten für den Fall der Fälle. Aber ich komme von der einen Seite aus einer Familie, die in Israel lebt und absolute Zionisten sind und sagen: »Wir Juden müssen in der Lage sein, uns nie wieder in Konzentrationslager stecken zu lassen.« Auf der anderen Seite habe ich einen Familienstrang, der Angst hat vor Militär und überhaupt große Angst hat und eher die Diaspora-Mentalität in sich trägt. In diesem Spannungsfeld war ich in einem Tauziehen, und das hat meine Familie in Deutschland gewonnen. Trotzdem ist Israel natürlich auch mein Land. Ich bin da geboren, Hebräisch ist meine Muttersprache. Deutsch ist die Sprache meines Verstandes, Hebräisch die meines Herzens. Deswegen höre ich auch am liebsten israelische Musik. Das ist die Sprache meiner Roots. Die Sprache der Thora.

Auch wenn ich aus einem säkularen Elternhaus komme, ist es doch traditionsbewusst und identitätsbewusst. Die Schabbatkerzen anzünden, den Schabbat halten, das lässt man, obwohl es eine der wichtigsten Sachen ist. Aber es käme überhaupt gar nicht infrage, keine Brit Mila und keine Bar Mizwa zu machen. Möglichst auch jüdische Hochzeit und natürlich jüdisches Begräbnis. Wir haben die Feiertage gefeiert, deshalb waren wir nicht so säkular, dass Gott, Religion gar keine Rolle gespielt haben. Aber das heißt nicht, dass man nicht auch offen ist für andere Perspektiven und Philosophien. Das Judentum ist eine Manifestation von vielen. In meinem Song ›Es gibt nur einen‹ sage ich: »So wie Gott der Hand mehr als nur einen Finger gab, gab er dem Menschen mehr als nur einen Weg zu Gott.« Das Judentum ist halt unser Weg.

Inzwischen bin ich religiöser als meine Eltern. Und der Moment, als ich diesen Weg verstärkt gegangen bin, war, als wir eine Familie gegründet haben. Meine Frau und ich haben uns gefragt: Wie wollen wir leben? Was ist uns wichtig? Ich wusste schon ziemlich viel, aber man ist ein Baby, was das Wissen über das Judentum angeht. Das ist ein Universum. Ich habe mir immer wieder Rabbiner angehört, Vorträge auf Englisch, auf Hebräisch; bis heute mache ich das ganz regelmäßig. Ebenso wie Tefillin legen, eine der wichtigsten Pflichten des Mannes. Abgesehen davon, dass es eine Mizwa ist, ist es eine wunderbare Methode der Meditation, sich komplett auf eine Sache zu fokussieren und dieses Ritual zu vollziehen. Als Erstes legst du dir den Gebetsschal um und sprichst das Gebet dafür. Dann legst du die Tefillin für den Arm. Man fängt oben an und bindet dreimal um die Gebetskapsel, sodass es den Buchstaben Shin ergibt. Shin steht für den Namen Gottes – Shaddai. Dann bindest du sie siebenmal, weil die Woche sieben Tage hat, um den Arm und sagst währenddessen das Gebet für das Anlegen der Tefillin. Du setzt die Tefillin für den Kopf, sprichst dafür ein besonderes Gebet, bindest dir auch das nochmal um die Hand und den mittleren Finger, und überall ergibt es dieses Shin. Und am Ende bindest du es fest und sprichst das Schma Jisrael. Ich mache das nicht husch-husch, sondern sehr fokussiert, und wenn ich auch noch die Gebete bis zur Amidah spreche, dann erdet das total. Mir ist es wichtig, dass auch meine Kinder sehen, wie ihr Papa das macht. Denn mir hat es durch sehr schwere Phasen – und ich habe viele durch, bin vielen Anfeindungen und Hetzkampagnen ausgesetzt – geholfen, weil man plötzlich hoffungsvoller und ruhiger in die Zukunft schaut. Man erlangt eine Das-wird-schon-alles-gut-Erkenntnis.

Auch für die Entscheidung, aus der Rapper-Szene auszusteigen, die ich zwei Jahre mit mir herumgetragen habe. Ich hatte Rap am Mittwoch aufgebaut, eine Art Talentwettbewerb für Rapper, der in Berlin begann und dann einmal monatlich in jede große Stadt ging. Wir hatten 420.000 Follower und im achten Jahr live bis zu 1.200 Zuschauer pro Location. Es war das größte Format dieser Art in Deutschland. Aber das antisemitische Geraune und der Glaube an antisemitische Verschwörungslegenden sind in der Szene sehr weit verbreitet. Auch in persönlichen Begegnungen wurden immer wieder solche Denkmuster und Anfeindungen artikuliert oder der alte antisemitische Ausbeuter-Mythos wurde auf mich projiziert mit Sprüchen wie »Rap am Mittwoch ist eine

Juden-Veranstaltung, Ben Salomo beutet nur die Rap-Szene aus«. Als das immer mehr wurde und selbst Leute aus meinem Team oder auch Freunde sich nicht davon abgrenzen wollten, musste ich mir eingestehen: Du bist irgendwie ein Teil davon. Du bist in diesem Schmutz und schwimmst dadurch mit. Die benutzen dich sogar als Schutzschild gegen Antisemitismus-Vorwürfe von außen. Selbst Szene-Journalisten schrieben: »Wenn das stimmen würde mit dem Antisemitismus, dann gäbe es doch nicht Ben Salomo und Rap am Mittwoch, der ist doch Jude.« Dazu kamen Drohungen von Leuten, die unter meine Musikvideos posteten: »Bleib von dem Brunnen fern, Hebräer« oder »Ich hoffe, Israel gibt es bald nicht mehr, denn es ist nicht euer Land. Ihr habt die Welt zerstört. Free Palestine from Israhell.« Oder jemand sagte das Wort »Judenpack« in meiner Show, das habe ich natürlich kritisiert. Das ist ein Begriff aus dem Nazi-Jargon, ich habe auch andere Begriffe aus dem Nazi-Jargon immer wieder kritisiert. Dafür wurde ich unfassbar stark angefeindet – wir reden hier von Tausenden, die mir heftige Shitstorms entgegenbrachten.

Und dann komme ich eines Abends nach Hause und meine Frau öffnet mir mit meiner Tochter auf dem Arm die Tür und diese spricht ihre ersten Worte und die waren auf Hebräisch – »Abba«. Anstatt voller Rührseligkeit zu reagieren, war die Freude überlagert von diesen heftigen antisemitischen Anfeindungen. Das war der Moment, wo ich dachte: Rap am Mittwoch ist auch ein Baby, aber das hier ist das echte Baby. Und das braucht einen Papa, der es liebt, der es in den Arm nimmt, der es knutscht, ihm Zeit und Emotionen gibt. Das war die Entscheidung – und es war ein Sprung ins Nichts. Es war ja mein Lebensunterhalt.

In der Folgezeit des Echo-Skandals, als auch die größere Öffentlichkeit auf die problematischen Verhältnisse im Deutsch-Rap aufmerksam wurde, befragten mich plötzlich permanent Journalisten zu dem Thema. Daraufhin kursierten einerseits Interviews von mir und andererseits beschimpften mich Leute bei Facebook als Lügner. Ich merkte, diese ganzen Fetzen von Interviews, die wie lose Blätter durch den Raum fliegen, die muss man mal zusammenfassen und ein Buch schreiben. Sonst wird man das nicht verstehen: Wieso macht jemand, der so etwas Erfolgreiches hat, so einen Schritt? Deswegen habe ich meine gesamte Geschichte aufgeschrieben, teilweise mit Erzählungen meiner Großeltern, damit man begreift, wie sehr Antisemitismus die Freiheit einschränkt und wie sehr er das Leben von vielen Jüdinnen und Juden prägt. Dieses Buch *(›Ben Salomo bedeutet Sohn des Friedens‹, die Verf.)* öffnete dann tatsächlich für mich einen neuen Weg. Ich bin dadurch in den Bereich der Antisemitismus-Prävention gerutscht.

Inzwischen bin ich häufig Teilnehmer bei Panels oder auch als Referent an Schulen. Durch die Medien und durch Rap am Mittwoch habe ich eine gewisse Bekanntheit bei Jugendlichen, das ist ein wunderbarer Anknüpfungspunkt, um ins Gespräch zu kommen. Diese neue Generation will abgeholt werden, und nicht nur Schüler, sondern auch Lehrer verstehen das erste Mal, was Antisemitismus ist. »Antisemitismus ist bereits das Gerücht über die Juden«, wie Theodor W. Adorno es formuliert hat. Ich zeige ihnen auf, dass es in der Rap-Szene sogenannte Umweg-Kommunikationen gibt: Man sagt nicht »Juden«, man tarnt sich, in dem man »Zionisten« oder »Die Rothschilds« oder »Die Banker von der Ostküste« oder »Die Eliten« sagt. »Antisemitismus ist« – und da sind wir bei der IHRA-Definition – »eine bestimmte Wahrnehmung von Juden, die sich als Hass gegenüber Juden ausdrücken kann«.

Diesen Mechanismus, dass Antisemitismus auf der Basis von Lügen und Gerüchten entsteht, den hat mir nie jemand beigebracht. Aber das ist es, was ich versuche zu vermitteln. Denn ich wurde ja ebenfalls auf dieser Basis angegriffen von meinem elfjährigen besten Freund. Das sorgte schon in meiner Jugend dafür, dass manche Leute mich anders wahrnahmen ab dem Moment, wo sie erfuhren, dass ich Jude bin. Sie behandelten mich plötzlich mit einem anderen Standard, ich wurde zu einer Art Projektionsfläche ihrer verzerrten Wahrnehmungen gegenüber Juden. Einfach auf der Basis von Lügen und Gerüchten, die über Juden, jüdische Bräuche, jüdische Persönlichkeiten oder den jüdischen Staat existieren. Das ist der Kern.

© Eda Temuçin

ANNA NERO

Geboren am 23. November 1988 in Moskau, Sowjetunion
Malerin
Lebt in Frankfurt am Main

MEIN JÜDISCHSTER MOMENT?

Wenn wieder mal dieser ganze Palästina-Israel-Konflikt hochkocht. Meine Bubble ist in einem linken Spektrum und pro Palästina. Ich war mit einer Palästinenserin auf der Schule, und wenn die was dazu sagt, finde ich das völlig in Ordnung. Aber wenn so der deutsche Fabian damit anfängt, dann denke ich mir: Sorry, du bist der Nachfahre von Massenmördern, du willst nur eine Absolution dafür. Sei einfach ruhig – ich bin jewish.

Theoretisch habe ich noch die letzten zwei, drei Jahre der Sowjetunion mitgelebt. 1995, als ich sieben war, sind wir als Kontingentflüchtlinge nach Frankfurt gekommen. Ich wurde direkt eingeschult und wusste relativ früh, dass ich alles verstehe und eigentlich auch alles sagen kann, aber habe mich lange nicht getraut zu sprechen. Meine Eltern haben auch erst hier Deutsch gelernt – eine Migrantengeschichte halt. Für ein Kind ist das alles viel einfacher und natürlich habe ich, wie alle Freundinnen, woher sie auch kamen, für die Eltern irgendwelche Formulare ausfüllen müssen, Wörter übersetzen müssen. Wörter, die wir selber nicht verstanden, die auch unsere Eltern nicht verstanden. Alles sehr abenteuerlich.

In die Gemeinde gingen wir nur bei Ausstellungen oder Konzerten, auch in die Synagoge selten, zu Hochzeiten oder Beerdigungen. Mein Vater ist *nur* Vaterjude, meine Mutter ist halachische Jüdin, meine Oma auch. Ich bin also nach halachischem Gesetz auch Jüdin. Meine Eltern waren eher Kommunisten und haben keinen Glauben gelebt. Wäre auch nicht so angebracht gewesen in der Sowjetunion. Wäre eher sehr vermessen bis gefährlich gewesen. Als Künstler, Intellektuelle, wurden sie sowieso öfter zur Zielscheibe. Ich kenne sehr wenige, die ihren jüdischen Glauben gelebt haben, da musste man schon ein Hardliner sein. Und nicht mal meine Oma hat von ihren Eltern wirklich einen Glauben mitbekommen, so was verliert sich ja nach drei, vier Generationen.

Heute haben meine Eltern viele deutsche Freunde und einen großen Freundeskreis aus Kontingentflüchtlingen. Deren Kinder sind natürlich alle so wie ich, was daran liegt, dass sich Kontingentflüchtlinge untereinander verstehen. Deswegen ist klar, dass wir trotz allem in unserer Mini-Diaspora leben. Man geht halt zu jüdisch-russischen Ärzten, weil man denkt, die sind bestimmt gut ausgebildet. Und wenn ich mit meiner Oma zum Arzt gehe, ist es ja auch wichtig, dass sie sich verständigen kann. Außer den zehn üblichen Sätzen hat sie nie Deutsch gelernt. Sie kommt klar, mit viel Mühe. Aber natürlich ist sie nicht in einem Heim. Niemals! Für eine jüdisch-russische Familie kommt das nicht infrage, so was macht man einfach nicht. Familie ist das Wichtigste. Und meine ist ohnehin nicht so groß.

Meine Schwester ist gestorben, sie liegt auf dem jüdischen Friedhof. Das wiederum spielt eine Rolle, weil mir, wenn ich auf den Friedhof gehe, bewusst wird, was ich bin. Weil einfach klar ist: Das ist ein jüdischer Friedhof, meine Schwester liegt dort, meine Oma wird dort liegen, meine Mutter wird dort liegen, mein Vater wird dort liegen. Und auch ich werde dort liegen. Ein wichtiger Ort, neben Hochzeiten sind Tode eben sehr identitätsstiftend. Bei den großen Fragen des Lebens ist das Judentum immer präsent.

Dazu gehören auch Rituale, die gibt es ja in allen Religionen. Und in allen sind die gewachsen über die Jahre. Gewisse Sachen machen vielleicht heute nicht mehr so viel Sinn, aber sie machten irgendwann Sinn. Schiwa sitzen zum Beispiel macht total Sinn: dass du, wenn jemand gestorben ist, sieben Tage da sitzt und deine Verwandten und Freunde bringen dir Essen und unterstützen dich. Rituale wie dieses, Wiederholungen von gewissen Abläufen, helfen einfach. Dazu gehört auch das Einreißen der Kleidung als Zeichen der Trauer. Finde ich auch ein gutes Symbolbild: Zerrissenheit, man ist nicht mehr so heil.

Wahrscheinlich bin ich heute jüdischer als früher. Man wird älter, man braucht Halt, man sucht natürlich auch nach seiner kulturellen Identität. Mein Exfreund, mit dem ich ganz lange zusammen war, ist auch Jude. Aber ich hatte auch immer deutsche Goj-Freunde oder andere Nationalitäten. Trotzdem ist es doch was anderes. Geht ja nicht nur um Jude, geht auch um Kontingentflüchtling, russische Abstammung blabla. Sagen wir mal so: Wenn ich mir vorstelle, dass ich mit so einem richtigen Deutschen, Blonden, ein Kind kriege, was erzähle ich dem denn? Deine Vorfahren haben deine anderen Vorfahren vergast, oder was? Keine so tolle Vorstellung.

Das einzige Land, wo sich diese Frage so prekär stellt, ist Deutschland. Ich habe einen deutschen Pass, ich spreche Deutsch. Ich würde auch hier nie wegziehen, es sei denn, ich muss. Aber ich finde es schwierig, von mir zu sagen: »Ich bin Deutsche«. Egal, was ich tue, ich werde es nie sein. Ihr werdet immer in mir etwas anderes sehen, ihr werdet mich immer anders lesen als euch. Deswegen tue ich euch nicht den Gefallen, euch das vorwegzunehmen und zu sagen, ich bin Deutsche. Wenn ihr meint, ich bin keine – fein, dann bin ich es auch nicht. Ich sage, ich bin eine deutsche Künstlerin jüdisch-russischer Abstammung.

Und selbst wenn ich nicht so gesehen werde, meine Eltern werden aufgrund der Sprache immer als Ausländer gelesen und anders behandelt. Wobei anders ja nicht unbedingt schlecht heißt. Im Gegenteil, bei Juden kann das total extrem sein. Es gibt ja ganz krasse deutsche Philosemiten, da findet man die abstrusesten Dinge. Aber ich muss es ja nicht nach außen tragen. Kann es auch verstecken, um mich zu schützen. Andererseits denke ich mir, warum? Meine Freunde sagen, ich solle meinen Davidstern nicht tragen. Das löst in mir eine Trotzreaktion aus. Vielleicht bin ich immer noch der Teenager, der ich mit sechzehn war. Aber ich sehe es auch nicht ein, dass ich heute in Deutschland irgendwas verstecken muss oder Angst haben muss. Ich will vor nichts Angst haben, entspricht nicht meiner Persönlichkeit.

Nach meiner Schulzeit – keine jüdische Schule, das hätte ich nicht ausgehalten, ich war ziemlich rebellisch als Teenager – und dem Studium in Mainz und Leipzig hatte ich für den Meisterschüler ein Stipendium von dem katholischen Cusanuswerk. Jemand wie ich passt da gar nicht so schlecht rein, weil ich mich für Religion interessiere und auch für den Diskurs darüber und sehr offen bin. Funfact: Ich habe mich russisch-orthodox taufen lassen in Russland. Ich war dreizehn und die Familie meiner besten Freundin in Moskau, die ich seit Geburt kenne und die immer noch meine beste Freundin ist, war halt sehr christlich. Der religiöse Trip dauerte drei Wochen, dann war er wieder vorbei. Nach Moskau fahre ich weiterhin einmal im Jahr, da ist noch mein Freundeskreis von früher.

Inzwischen habe ich in Frankfurt und Berlin Galerien, die mich vertreten. Meine Bilder sind wahrscheinlich das, was man als abstrakt bezeichnen würde. Aber für mich sind Begriffe wie abstrakt und gegenständlich nicht so wichtig. Meine Arbeiten bewegen sich zwischen einerseits Mustern oder Gittern und andererseits Objekten oder Gegenständen. Manchmal ist es aber auch so, dass die einzelnen Elemente einen Subjektcharakter kriegen, sodass man das Gefühl hat, dieser Farbstrich ist jetzt ein Würstchen oder ein Würmchen, oder der bewegt sich jetzt da und da hin. Der hat vielleicht auch eine Agenda oder ein Wesen. Damit wäre ich ja fast wieder bei dem klassischen Figur-Ding, ohne jemals eine Figur gemalt zu haben. Ich überlasse es dem Betrachter, ob es ein Würmchen ist. Oder auch ein Penis. Es kommen allerlei

Gegenstände vor, die eine sexuelle Konnotation haben. Wenn ich das Gefühl habe, es passiert etwas in dem Bild und einzelne Elemente fügen sich zusammen oder stoßen sich ab, dann ist das gut. Ich versuche manchmal, das auch mit Titeln klarer zu machen, um dem Betrachter einen Einstieg in das Bild zu geben. Ob das klappt, ob Leute meinen Humor verstehen, denn es geht auch viel um Humor, weiß ich nicht.

Meine Diplomarbeit habe ich über Fetischismus geschrieben. Da geht es letztlich viel um religiösen Fetischismus, Götzenverehrung, Reliquien. Kommt in allen Religionen vor, wird in allen Religionen auch davor gewarnt. Im Judentum auf jeden Fall: Du sollst dir keine Götzen machen. Im Christentum eigentlich auch nicht, aber die Christen haben es aufgeweicht über die Jahrtausende, Reliquienverehrung ist ja der reinste Fetischismus. Aber es gibt auch im Judentum Fetischismus, die Thora ist ein heiliges Objekt. Wenn du einem Objekt eine Macht zuschreibst, die über seine physikalische Funktion hinausgeht, dann ist das Fetischismus. Daraus könntest du folgern: Kunst ist nur eine Weiterentwicklung dieses Fetischismus. Oder der Fetischismus ist sozusagen die Erbsünde der Kunst, weil du nämlich von einem heiligen Objekt ausgehst. So wie bei den Russisch-Orthodoxen die Ikone – ein Bild, das kannst du küssen, das ist ein heiliges Bild. Kannst natürlich aber auch sagen, come on, das ist Farbe und Holz. Aber Menschen werden immer einen Weg finden, Objekten eine Magie zuzusprechen. Vielleicht weil man etwas Transzendentes in dieser Welt haben möchte. Etwas Greifbares, was einen verbindet mit etwas anderem. Oder weil es Trost spendet. Na ja, und dann sind wir schnell beim Sexuellen. Die Beziehung von Menschen und Objekten kann nicht nur liebevoll, sondern auch sexuell sein. Ich entwickele meine Bilder und wenn ich merke, das bahnt sich so an, dann formuliere ich das aus. Es ist ein Spiel mit den Möglichkeiten der Malerei und auch den Möglichkeiten des Abbildes.

Das Gute an der Art von Kunst, die ich mache, ist, dass die Bilder von mir abgelöst sind. Es gibt mich und es gibt das Bild, und diese beiden Dinge sind im besten Falle völlig getrennt. Man kann das Bild angucken, ohne zu wissen, wie ich heiße, wie alt ich bin, welches Geschlecht ich habe. Ich mache nicht eine Performance, wo ich mit meinem Körper, meiner Person dahinterstehen muss. Und nicht bei jeder Ausstellung werde ich vorgestellt und schon gar nicht unbedingt als Jüdin. Was aber immer dabei steht, ist der Geburtsort und meistens der Zeitpunkt der Immigration. Dann ist es ja klar, was ich bin. Aber in meinem tatsächlichen Berufskontext, der ja dann doch nationale oder auch internationale Kunst ist, da spielt es keine große Rolle, ob ich jüdisch bin. Wenn ich das Kunstgeschehen in Deutschland ansehe, glaube ich nicht, dass mich jemand einladen würde, weil ich Jüdin bin. Oder auch nicht einladen würde, weil ich Jüdin bin.

© Marco Limberg

PHILIPP PEYMAN ENGEL

Geboren am 2. März 1983 in Herdecke/Witten
Chef vom Dienst der Jüdischen Allgemeinen
Lebt in Berlin

MEIN JÜDISCHSTER MOMENT?

Als etwa Dreizehnjähriger in Los Angeles mit meiner Mutter und den ganzen jüdischen Verwandten, die wir hier in Deutschland nicht haben. Alle Iraner, alle jüdisch. Tausend Leute in der sephardischen Synagoge. Das muss man sich mal vorstellen: Es gibt dort persische Synagogen, so groß ist diese Community. Nur Leute, die wie wir aussahen. Und halt nicht wie die zu Hause in Witten im Ruhrgebiet.

Jeder Jude in Deutschland hat ja seine eigene Geschichte – und sie alle sind relativ unterschiedlich. Bei uns ist es so: Mutter ist jüdisch, Vater ist nichtjüdisch. Jüdischsein war präsent bei uns, meine Mutter hat schon darüber gesprochen, aber es war kein großes Thema. Wir waren nicht religiös praktizierend, an Schabbat haben wir manchmal eine Challe gegessen. Aber ansonsten hat sich das sehr beschränkt auf Kultur, die war stark präsent. Durch meine Mutter. Mein Vater war Atheist, Alt-68er, also bloß weg mit der Religion. Das ist interessant, weil meine Mutter, die einen ganz anderen Hintergrund hat, gesagt hat: »Nein, für uns ist Religion nicht böse, sondern etwas Schönes.«

Sie war schon kurz vor dem Sturz des Schahs nach Deutschland gegangen, und als die Mullahs 1979 an die Macht kamen, floh dann die gesamte Familie. Sie hat bewusst meinen Geschwistern und mir keine persischen ersten Vornamen gegeben, weil sie nicht wollte, dass wir rassistisch angefeindet werden. Mein Bruder, meine Schwester und ich waren sehr dunkel. Aber sie wollte, dass wir deutsch erscheinen. Sie hat uns auch das Farsi nicht beigebracht, obwohl sie mit allen Freunden und Verwandten nur immer Persisch gesprochen hat und auch diese Sprache geliebt hat. Aber ihr war das aus irgendeinem Grund wichtig, dass wir gut Deutsch sprechen. Das hat sie sozusagen als Kollateralschaden in Kauf genommen, dass wir nicht Farsi lernen, weil sie Angst hatte, dass wir sonst wie andere Perserkinder nur das sprechen. Ich bedauere diese Entscheidung – und sie heute noch mehr.

Dass das Religiöse für uns, meine Geschwister und mich, nicht so wichtig war, lag auch daran, dass wir in Witten lebten. Eine relativ kleine Stadt, bis heute kenne ich da keine anderen jüdischen Leute. In einer großen Stadt wäre es ganz anders gewesen, denn da hätten wir auch jüdische Freunde gehabt. So waren wir immer die einzigen.

In der Grundschule waren wir immer die Ausländer, weil wir eben anders aussahen. Wir waren auch die, die im Religionsunterricht nicht mitgemacht haben, sondern in einer Ecke saßen. Da war klar, dass wir nicht christlich sind. Aber dass wir jüdisch sind, haben wir nie gesagt. Ich weiß auch gar nicht, ob ich es damals hätte sagen können. Und später haben wir ganz bewusst nicht darüber gesprochen. Als es dann doch bekannt wurde, war es kein Problem. Nur ein Mitschüler hat einmal auf unserem Anrufbeantworter etwas von Zyklon B gesagt und Geräusche wie strömendes Gas gemacht. Das hat mich getroffen, weil ich mich gut verstanden habe mit ihm. Von einem Tag auf den anderen war es anders zwischen uns, nur weil er erfahren hat, dass wir jüdisch sind. Aber: Ich habe immer Schwierigkeiten mit Opfergeschichten. Ich will kein Opfer sein und fühle mich auch nicht als Opfer.

Die jüdische Identität war also da, aber das Institutionelle wurde erst später wichtiger. Dass das Interesse stärker wurde, lag wahrscheinlich daran, dass ich mehr gelesen habe. Bücher haben mich geprägt: Reich-Ranickis Autobiografie, Saul Bellow, Philipp Roth und vor allem Louis Begley. Und natürlich der Kontakt zu Verwandten in Los Angeles, New York, Australien, Israel – sie sind alle sehr jüdisch. Und heute bin ich viel jüdischer, als ich es als Kind war.

Mein Beruf spielt dabei sicher eine Rolle. Ich arbeite 55 Stunden pro Woche nur zu diesen Themen, das heißt, ich bin privat jüdisch, aber auch beruflich. Und dass ich mich als Journalist für die Jüdische Allgemeine entschieden habe, liegt daran, dass es die Zeitung ist, mit der ich aufgewachsen bin und deren Themen mir wichtig sind. Es braucht eine jüdische Zeitung in Deutschland, die nicht nur über Israel anders als die übrigen Medien berichtet, sondern auch über Ereignisse wie Jewrovison oder European Maccabi Games oder die jüdische Welt in Japan oder Brasilien. Oder eben auch über Politisches, das eine Plattform braucht: Stichwort Altersarmut bei Shoa-Überlebenden oder bei Zuwanderern. Es ist sozusagen ein Fachblatt für jüdische Themen, israelische Themen.

Natürlich höre ich öfter die Frage nach der künstlichen Ghetto-Bildung. Genau wie die, ob es denn jüdische Europameisterschaften geben muss. Ja, die Maccabi-Idee ist, dass jüdische Leute zusammen Sport machen. Aber es kann jeder andere dazukommen und davon wird auch rege Gebrauch gemacht. Gerade in den Fußballvereinen sind viele Muslime, Christen, Atheisten dabei. Das ist nicht Abschottung, sondern Zusammenkommen. Wir öffnen uns. Und nachdem man sich geöffnet hat, ist es auch mal schön, etwas mit anderen Juden zu machen und eine Gemeinschaft zu sein. Und dann geht man wieder raus und lebt sein Leben mit allen anderen. Immer nur in dieser Gemeinschaft zu sein, fände ich schwierig und langweilig.

Für mich war es deshalb auch nicht selbstverständlich, eine jüdische Partnerin zu haben. Es hat sich tatsächlich dann so ergeben, aber ich hatte davor auch nichtjüdische Freundinnen. Aber meine Tochter geht in einen jüdischen Kindergarten. Wenn man sie da abholt am Freitag und die Schabbat-Gesänge von so vielen Kinderstimmen hört, dann ist da dieses Gefühl: Das ist die Zukunft, es geht doch weiter. Das ist sehr jüdisch.

Solche Momente habe ich immer mal wieder, auch wenn ich in der Synagoge bin. Ganz besonders an Yom Kippur. Und wenn ich mich an 2019 erinnere, als der Anschlag auf die Synagoge in Halle war, habe ich Gänsehaut. Man fastet ja 24 Stunden, hört die Gesänge und ist dann ohnehin irgendwie ein anderer Mensch. Ich weiß nicht mehr, wie ich es erfahren habe. Aber habe dann das Handy benutzt – obwohl ich es sonst an dem Tag nicht einschalte –, weil es plötzlich darum ging, dass du als Journalist jetzt Leben retten musst, indem du schnell etwas schreibst, um die Gemeindemitglieder in Halle zu warnen. Das war alles sehr intensiv, und auch der Gedanke: Sie wollten uns umbringen, wir haben überlebt. Der Antisemitismus macht uns nicht zu Juden, aber diese Gefahr schweißt schon zusammen.

Es wird ja oft gefragt: »Können Sie sich vorstellen, wenn der Antisemitismus größer oder die AfD stärker wird, Deutschland zu verlassen?« Nein, auf gar keinen Fall, es ist unser Land, mein Land. Wenn jemand ein Problem mit uns hat, soll er gehen. Natürlich wäre es eine Katastrophe, wenn die AfD viele Stimmen bekommt. Aber das ist auch eine Katastrophe für die Mehrheitsgesellschaft. Nicht nur für uns.

© Mordechai Malka

NELLY KRANZ

Geboren am 5. August 1992 in München
Unternehmerin
Lebt in München

MEIN JÜDISCHSTER MOMENT?

Meine Hochzeit. Und obwohl mein Mann und ich nicht religiös sind, wollten wir doch eine sehr, sehr religiöse Zeremonie haben mit einem Rabbiner, der ultraorthodox ist. Es war das Gefühl, dass wir jetzt ein jüdisches Zuhause aufbauen und den Grundstein legen für unsere Zukunft und vor allem für die jüdische Zukunft unserer Kinder.

Dass die Familie meiner Mutter aus Bagdad stammt und die meines Vaters aus Polen, merkt man am deutlichsten beim Schabbat-Essen, wenn es Gefilte Fisch neben irakischer Kubbe gibt. Und ein ganz präsenter Aspekt ist natürlich die Größe der Familie. Auf polnisch-aschkenasischer Seite sind es mein Vater, seine zwei Geschwister und meine Cousins, meine Oma durfte ich auch noch kennenlernen. Mein Vater selber hatte keine Onkel, Tanten, Cousinen, Cousins, Großeltern. Nie gehabt. Mütterlicherseits bin ich mit Urgroßeltern von beiden Seiten aufgewachsen, und jeder dieser Großeltern stammt aus einer Familie mit sieben Kindern. Dementsprechend hat meine Mutter auch zwischen 30 und 40 Cousins ersten Grades, und die wiederum haben natürlich Kinder, die ich gar nicht mehr kenne. Lustige Geschichte: Ich war in Israel beim Militär und aus London kam ein Junge neu dazu, der den Mädchennamen meiner Mutter hatte, und es stellte sich heraus, dass er der Sohn ist von einem ihrer Cousins.

Auch die Themen sind andere. Holocaust war ein Thema, mit dem meine Mutter wenig anfangen konnte. Es gab Pogrome im Irak und im gesamten Nahen Osten, und ihre Familie war deshalb nach Israel gekommen, aber das war natürlich eine andere Dimension. Der gemeinsame jüdische Nenner war es, was dominierte zu Hause. Ein ganz großer Unterschied war aber, dass meine Mutter mit dem Selbstverständnis groß geworden ist, jüdisch zu sein, weil sie schon in Israel geboren und aufgewachsen ist. Das war bei meinem in München geborenen Vater anders.

Ich bin in der jüdischen Gemeinde groß geworden, war zwar auf einer öffentlichen Schule, hatte aber Religionsunterricht mit denselben zehn Leuten, die mit mir schon im Kindergarten und in der Grundschule gewesen sind und deren Eltern zum großen Teil schon mit meinem Vater aufgewachsen waren. Und dann war ich Teil einer Jugendbewegung, Zionistische Jugend Deutschland (ZJD). Und weil ich am Samstag die Aktivitäten mit den jüdischen Freunden machte und auch mit denen in Sommercamps fuhr, waren meine jüdischen Freunde im Alltag sehr präsent. Dieses jüdisch – nichtjüdisch ist aber kein Abgrenzen, es ist eher so wie bei einem Sportverein. Wenn ich dem FC Bayern zugehöre, fahre ich auch nicht mit den 60ern in den Urlaub.

Kurz nach der Bat Mizwa habe ich einen Jungen kennengelernt, der religiös war. Das fand ich ganz toll und habe meiner Mama gesagt: »So, ab jetzt esse ich koscher.« Die hat gesagt: »Okay, viel Spaß. Bei uns wird immer noch die Weißwurscht ausgepackt.« Dann hat mir auch noch meine Religionslehrerin, die streng orthodox ist, erklärt: »Das sagt keiner, dass das Gebot, koscher zu essen, höher steht, als Vater und Mutter zu ehren. Also, solang du bei deinen Eltern lebst, isst du das, was deine Mutter dir auftischt, oder machst zumindest keinen Trouble drum.«

Meine Mutter ist das typische israelische Bild des Atheisten. Witzig, das zu sagen, weil Israelis, die sich als Atheisten bezeichnen, gar keine Atheisten sind. Im religiösen und traditionellen Kontext leben sie ja vieles. Wir haben zwar die Feiertage zu Hause eingehalten, aber am Fastentag hat meine Mutter nicht gefastet, außer sie hat ein Detox-Programm daraus gemacht. Mein Vater nimmt es allerdings ziemlich ernst, das Traditionelle. Er hat uns als Kinder auch immer samstags und an den Feiertagen mitgenommen in die Synagoge. Hält sich aber religiös gesehen nicht an die Vorschriften. Kompliziertes Konstrukt.

Obwohl ich wahrscheinlich viel eher reform oder liberal lebe, ist mein Leitfaden doch das orthodoxe Judentum. In eine Reform-Synagoge zu gehen ist für mich genauso fremd wie in eine Moschee oder in eine Kirche zu gehen. Dass Frauen und Männer zusammensitzen, ist für mich genauso komisch wie am Schabbat Elektrizität zu benutzen, wenn also zum Beispiel mit Mikrofon gebetet wird. Da fehlt dann nur noch die Orgel, die gibt es ja auch in Reform-Synagogen. Natürlich ist es toll, dass es auch andere Strömungen gibt für diejenigen, die sich im Orthodoxen nicht zu Hause fühlen. Aber mir würde es schwerfallen, zu einer Rabbinerin zu gehen. Ich tausche mich gerne mit der Frau vom Rabbiner aus; das ist meine weibliche Go-to-Person.

In den orthodoxen Synagogen ist der Rabbiner zwar orthodox, aber man weiß genau, dass sich nicht alle dran halten. Und diese Offenheit finde ich auch ganz sympathisch. Oft war ich freitagabends im Schabbat-Gottesdienst und danach im Restaurant und im Club, und das ist dann halt meine persönliche Kombi des Judentums. Und auch, wenn ich selber gar nicht streng koscher esse – draußen bestelle ich das Wiener Schnitzel und frage auch nicht, ob es in Butter ausgebacken ist –, ist es mir trotzdem wichtig, dass mein Haus koscher ist, sodass ich jeden einladen kann und jeder sich wohlfühlt und hier essen kann.

Es war mir auch, obwohl ich gar nicht so religiös bin, sehr wichtig, jüdisch zu heiraten. Ich will die Tradition weiterführen, mit der ich groß geworden bin. Ich glaube, dass das nur möglich ist, wenn der Partner eine ähnliche Tradition mitbringt. Wirklich nicht aus dem religiösen Kontext heraus, sondern vom Heimatgefühl. Dabei war mir das auf Papier Jüdischsein nie so wichtig wie das jüdische Feeling. Mit jemand, der Vaterjude ist, also halachisch und orthodox nicht anerkannt, aber damit aufgewachsen ist, wäre es mir weniger ein Problem als mit jemand, der zwar komplett jüdisch ist, aber damit keine Berührungspunkte hatte.

Schon ganz früh, mit dreizehn, vierzehn, habe ich entschieden, dass ich nach Israel auswandern will. Wir waren im Sommer immer dort und auch an Feiertagen und haben meine Oma besucht und Cousins. Einer von ihnen hat einen Offizierskurs gemacht, und bei der offiziellen Zeremonie war ich dabei. Das hat mich berührt, dieser Gedanke, dass wir in der Diaspora so frei leben können, weil wir Israel haben als Heimatstätte der Juden und uns darauf, vor allem auf das Militär, auch verlassen können. Mit meiner Familiengeschichte, als dritte Generation von Holocaust-Überlebenden, ist das ein krasses Statement: Es kann nicht noch mal passieren, denn jetzt gibt es einen Staat und jetzt gibt es ein Militär, das sich verteidigen kann. Und dann kam ich aus diesem Sommerurlaub zurück und alle, vor allem die Freunde meiner Eltern, haben gesagt: »Wir sprechen noch mal, wenn du achtzehn bist. In einer grünen Uniform sehen wir dich nicht unbedingt.«

Dann habe ich erfahren, dass es in der Armee eine Pressesprecher-Einheit gibt mit Soldaten aus der ganzen Welt. Ich wollte nicht nur zur Armee, sondern ganz gezielt in diese Abteilung. Weil ich aufgewachsen bin mit der Süddeutschen Zeitung und dem israelischen Radio und Fernsehen, was konstant lief, und die Berichte über dieselben Ereignisse haben nie zusammengepasst. Aber mit ein paar Ausnahmen betrifft das generell die europäischen Medien. Natürlich berichten auch die israelischen Medien nicht einheitlich. Aber trotzdem, es ist ein ganz anderes Narrativ.

Ich wollte also einen Blick hinter die Kulissen werfen, um zu verstehen, wie es dazu kommen kann, dass über eine Situation zwei komplett verschiedene Geschichten erzählt werden.

Die Arbeit in der Abteilung war dreigeteilt. Im Kriegszustand betreut man die Journalisten, indem man Fragen beantwortet aus Informationsquellen des Militärs. Im Normalzustand – wobei in Israel ja gefühlt der Ausnahmezustand die Normalität ist – baut man Kontakte auf zu Journalisten und initiiert Geschichten. Und das Dritte ist, Interviews zu organisieren für Journalisten, die Artikel über bestimmte Themen schreiben wollen.

Vorher war ich fünf Wochen in der Grundausbildung. Schon das war eine super Erfahrung. Man hat den theoretischen Teil und den praktischen, in dem man auch lernt, ein M16 zu bedienen. Wobei von Anfang an klar war, dass ich einen Bürojob haben werde, und da ist natürlich die Grundausbildung anders als in Kampfeinheiten. Man kriegt erst mal eine Einführung und eine Uniform – ihr seid jetzt alle gleich und ihr habt eine ID-Nummer, über die identifiziert ihr euch und nicht über den Namen. Was ja total krass ist für jemanden, der so ein Individualismus-pur-Leben in Europa geführt hat. Dann geht es um die Werte der Armee, um die Menschlichkeit und Solidarität und Disziplin, und auch das war total lehrreich. Ich war natürlich auch hungrig darauf, das alles aufzusaugen. Die Israelis, die mit mir waren, hatten eher diese Wann-ist-das-Ganze-vorbei-Stimmung. Ich werde nie vergessen, wie das auf der Armeebasis war, auf der man sich vorher sammelte. Ich hatte keine ganze Mannschaft dabei, aber zwei Freunde, und meine Mutter war extra dafür aus Deutschland gekommen. Wir verabschiedeten uns und ich stieg mit einem strahlenden Lächeln in den Bus und dachte, jetzt geht mein Traum in Erfüllung. Und die israelischen Mädchen haben geheult und mich gefragt: »Warum lachst du? Die rauben dir gerade zwei Jahre deines Lebens!« In Israel wächst man ja damit auf, dass man nach der Schule gleich in diesem Rahmen steckt, in dem man absolut keine Freiheiten hat. Während man hier nach dem Abitur denkt, jetzt liegt die Welt mir zu Füßen und es ist alles möglich.

Das Militär ist die ultimative Eintrittskarte, um Israeli zu werden. Damit habe ich jetzt, egal, mit welchen Israelis ich spreche, direkt einen Icebreaker – und das ist gesellschaftlich gesehen Gold wert. Ein weiterer Punkt, der mir gar nicht so bewusst war: Es ist wirklich ein Melting Pot der ganzen Gesellschaft. Gerade in der Grundausbildung war ich mit so vielen unterschiedlichen Frauen zusammengewürfelt. Da war ein äthiopisches Mädchen, das dreizehn oder vierzehn Geschwister hatte. Sie hatte kein Handy, und das war für mich total komisch, dass eine Achtzehnjährige in Israel kein Handy hat. Und dann waren da andere, die mit dem Luxuswagen von den Eltern vorgefahren wurden und Daily Delivery von hausgemachtem Essen an der Basis hatten. Man kommt mit Frauen zusammen, mit denen hätte man sonst überhaupt keine Berührungspunkte. Zu zweien von ihnen habe ich noch Kontakt, und die aus der Pressesprecher-Einheit sind bis heute meine engsten Freunde.

Nach der Armeezeit war für mich klar: Ich bleibe in Israel. Ich war ausgewandert, hatte Aliyah gemacht. Parallel zu meinem Studium der Politikwissenschaften habe ich beim Goethe-Institut angefragt, ob sie eine Stelle freihaben. Und da wurde tatsächlich eine studentische Dolmetscherkraft gesucht – ich war ja zweisprachig aufgewachsen – für eine Delegationsreise. Die

Organisatorin hatte ein Delegations-Messe-Reiseunternehmen für die ganze Welt auf politischer und wirtschaftlicher Ebene und suchte sich vor Ort immer Partner. Auf der ersten und zweiten Reise war ich die studentische Dolmetscherkraft, auf der dritten habe ich eine Organisationsrolle übernommen, und auf der vierten waren wir schon Geschäftspartner.

2016 habe ich geheiratet und wir haben uns gesagt, vielleicht sollen wir doch wieder raus aus Israel, auch karrieretechnisch. Tel Aviv ist unglaublich teuer, inzwischen hat sich ein bisschen was geändert, auch auf dem Arbeitsmarkt, aber damals gab es diese ganzen Hightech-Jobs so noch nicht. Es war schwer, sich dort ohne Hilfe ein Leben aufzubauen. Mein Mann ist auch Deutscher mit einer ähnlichen Geschichte. Wir haben uns in Israel kennengelernt, und so war das kein riesiger Aufwand, 2017 wieder nach München zu ziehen. Ich hatte auch noch meinen deutschen Pass, durch meine Mutter habe ich beide Pässe seit Geburt. Es gibt ganz viele, die, weil ihre Eltern eine Zeitlang in Israel gelebt haben, einen israelischen Pass besitzen. Wenn sie dann das erste Mal mit zwanzig oder so einreisen, heißt es: »Welcome to Israel, you are a citizen.« Und dann hat man ein Problem, weil man ja quasi Wehrdienstverweigerer ist.

Meine Firma in Israel habe ich geschlossen und in München eine neue gegründet. Heute verbinde ich Deutschland und Israel auf allen Levels, die nicht touristisch sind. Jeder, der sich Israel auf politischer, wirtschaftlicher, wissenschaftlicher, kultureller Ebene anschauen und auch wirklich Land und Leute kennenlernen will, der ist bei mir gut aufgehoben. Ich übernehme auf der einen Seite die ganze logistische Planung und auf der anderen Seite die inhaltliche für alle, ob Deutscher Fußballbund, Bundestagsabgeordnete oder Unternehmer, die ein Interesse daran haben, sich mit Leuten vor Ort zu vernetzen. Dabei bin ich immer wieder überrascht: Tel Aviv ist nur dreieinhalb Stunden mit dem Flieger von München entfernt, es scheint aber doch so weit weg zu sein. Die Vorstellungen, die man von Israel hat, treffen zu 99 Prozent nicht die Realität. Vor allem das Westliche in dem Land erwarten die Leute nicht. Dennoch ist die dortige Mentalität eine ganz andere, es gibt viele Unterschiede zu der deutschen. Aber das ist wie ein Puzzle, das perfekt zusammenpasst. Und ich rücke die Puzzleteile zurecht. Durch persönliche Kontakte und weil ich beide Mentalitäten zu Hause erlebt habe. Ich habe mir das Verstehen nicht antrainiert und angelernt. Ich bin damit groß geworden.

© Thomas Merkenich

DR. ROMAN SALYUTOV

Geboren am 12. Dezember 1984 in Leningrad, Sowjetunion
Konzertpianist, Dirigent, Musikwissenschaftler, Musikmanager
Lebt in Bergisch Gladbach

MEIN JÜDISCHSTER MOMENT?

Als ich im Juni 2022 am nördlichsten Punkt von Israel war, in der Stadt Rosh HaNikra an der libanesischen Grenze. Ich habe das Morgengebet gesprochen – Richtung Jerusalem und sozusagen mit dem Blick über das ganze Land, das vor mir lag – mit Großvaters Tallit und Gebetbüchern aus der Familie. Das war schon etwas Besonderes.

In meiner Kindheit war Judentum nicht wirklich ein Thema. Es war noch die Sowjetunion, und die Elterngeneration hat sich so unauffällig verhalten, wie es nur ging, weil es Repressalien gegen die Familie gab und immer wieder Alltags-Antisemitismus, auch im beruflichen Umfeld. Es war nicht offiziell, aber man hatte Quoten: So und so viel Juden werden als Studenten zugelassen. Mein Vater konnte deswegen seine Doktorarbeit nicht schreiben. Er hätte sie nicht verteidigen können, weil man immer wieder versuchte, jüdische Mitarbeiter auszubremsen und zu diskriminieren. Man hat sich also ganz leise verhalten, in der stillen Hoffnung, dass irgendwann das ganze Konstrukt zusammenbricht.

Die Großeltern, das war eine andere Generation, die waren noch tief in der Tradition verwurzelt. Einer meiner Großväter war sehr religiös, ein chassidischer Orthodoxer. Er war im Zweiten Weltkrieg Repräsentant der Jüdischen Gemeinde, hat die ganze Blockade in Leningrad verbracht und Leute versorgt. Später wollte er nach Israel gehen, aber es war nicht so einfach. Es gab zwei Visa damals. Das Einreisevisum für Israel kriegtest du als Jude direkt, bei dem Ausreisevisum konnten dir die sowjetischen Behörden alle möglichen Steine in den Weg legen. An dem Tag, als er es endlich bekam, ist er auf offener Straße umgefallen, Herzversagen. So ist der Traum unerfüllt geblieben.

Ich habe ihn nicht mehr gekannt, und es wurde auch nur zu Hause über Jüdisches gesprochen, nicht draußen. Obwohl ich später in der Schule gehört habe: »Geh in dein Israel, was hast du hier verloren?« Ich habe das nicht so ernst genommen, aber dann doch ein bisschen recherchiert. Wenn die Eltern sich so hermetisch verhalten, so je leiser, desto besser, dann ist es wie immer in der jüdischen Geschichte: wellenartig. Mal ist die eine Generation ganz oben, die andere auf Talfahrt. So war es auch hier. Bei den Enkeln – und ich bin das einzige Enkelkind – geht es wieder bergauf. Aber erst, als man die Möglichkeit hatte, als die Sowjetunion nicht mehr da war.

Es blieb allerdings antisemitisch, aber aus einer anderen Perspektive. Nach dem Zusammenbruch hat sich das eher auf den finanziellen Bereich fokussiert, also Juden als Reiche, die jetzt dafür und dafür verantwortlich sind. Wir waren alle mehr oder weniger arm, meine Eltern sind Ingenieure. Es war ein Antisemitismus ökonomischer Art. Denn als die Restriktionen und damit die Quoten fielen, waren da viele Juden. Man war gewöhnt, dass Juden zum größten Teil in der Wissenschaft arbeiteten oder im Kulturbereich, weil es in anderen Berufsfeldern deutlich schwieriger oder fast nicht möglich war. Nun konnten sie sich überall engagieren. Und da kam dieser Neid.

Im Jahr 2000 haben wir, meine Eltern und ich, die Papiere eingereicht in St. Petersburg, und erst Ende 2003 konnten wir gehen. Ich war neunzehn und hatte einen Studienplatz an der Musikhochschule in Köln, und weil es da einen Aufnahmestopp für Kontingentflüchtlinge gab, sind wir nach Bergisch Gladbach gezogen. Ich werde häufig mit der Frage konfrontiert: »Wie konntest du St. Petersburg gegen Bergisch Gladbach tauschen?« Ich habe es nicht getauscht, es hat sich so ergeben.

Ich habe zwei Pässe, einen russischen und einen deutschen, aber ich bin nach wie vor ein stolzer gebürtiger Leningrader. Für mich ist Leningrad nicht ein irgendwie kommunistisch vorbelasteter Name, sondern so hieß die Stadt damals. Es gab die Leningrader Blockade, es gab nie eine St. Petersburger Blockade. Oder es gibt die Leningrader Symphonie von Schostakowitsch und nicht eine St. Petersburger Symphonie von Schostakowitsch. Es wurde ausgezeichnet als Heldenstadt Leningrad für seine Rolle im Krieg. Der Name hängt mit dem tragischen Schicksal dieser Stadt zusammen, unabhängig davon, wie es dort in der kommunistischen, sozialistischen Periode war. Für mich bleibt es ein Statussymbol und eine Selbstdefinition.

Als wir schon wussten, dass es Richtung Deutschland geht, haben die Eltern Sprachkurse gemacht. Ich hatte keine Zeit für irgendwelche Kurse, habe Deutsch autodidaktisch gelernt mit Wörterbüchern. Und wurde, als wir hier waren, zu dem einzigen Träger des Ganzen. Die Eltern haben immer gesagt: »Roman, geh und sprich. Was sagt der und was der?« Ich fand das ganz normal. Vorher haben die Eltern sich immer dafür engagiert, dass es mir gut geht, dass ich mich in der Gesellschaft in Russland zurechtfinde, dass ich nicht beleidigt werde, dass ich wahrgenommen werde – und sie haben vieles dafür geopfert. Und jetzt ist es, wie es da steht: »Ehre deinen Vater und deine Mutter.« Jetzt gebe ich das zurück, damit es ihnen gut geht. Jetzt bin ich in einer anderen Position, jetzt bin ich stärker.

Wenn man in eine andere Gesellschaft kommt und in dem fremden Land Fuß fassen möchte, dann kommt es manchmal zu leichten Übertreibungen in Richtung Integration, aber auch Assimilation. Du fühlst dich überwältigt von dieser neuen Situation und versuchst, das irgendwie zu kompensieren. Versuchst, besser zu sein. Aus dieser Minderheitssituation heraus: Du bist frischer Immigrant, du kannst das nicht und dieses nicht, du musst dich durchsetzen. Und dann ist es sehr wichtig, den Moment nicht zu verpassen, wo das in eine gefährliche Richtung umkippt. Wo du so verschmilzt, wo du dich so integrierst, dass du vergisst, »wo die Beine her wachsen«, wie man in Russland sagt. Denn dann geht das alles verloren. Du fühlst dich wohl, bist so integriert und denkst, du brauchst nicht diese Last. Es gibt hier viele, die so leben. Aber ich bin froh, nicht in dieser Situation gelandet zu sein, wo es mir egal ist. Ich habe im richtigen Moment noch zurückgerudert. Habe gemerkt, okay, ich habe hier viel erreicht, ich kann mich jetzt auf andere Sachen besinnen. Kann meine eigene Geschichte aufarbeiten und die der Familie.

Irgendwann kommt ja der Zeitpunkt, wo man sich immer mehr Fragen stellt. Und dann beschäftigt man sich auch damit, in welchem Verhältnis das alles so steht, jüdische Herkunft und Religion. Schon aufgrund dessen, dass die Familie sehr starke religiöse Wurzeln hat, deren Nachwirkungen sich spüren lassen. Man versucht, die eigene Geschichte aufzuarbeiten, und dann kommt man halt zu dieser Verschmelzung verschiedener Faktoren, die die eigene Identität ausmachen. Es gibt Leute, die eine jüdische Herkunft haben und nichts mit Religion zu tun haben. Es gibt Leute, die konvertiert sind und keine jüdische Herkunft haben. Und bei mir laufen beide Linien zusammen, wie bei vielen – Herkunft und Religion aus der Familie heraus. Die Sache ist, wie man damit umgeht, was man priorisiert, was man in den Schatten stellt, ob man was in den Schatten stellt. Oder ob man versucht, alles in Einklang zu bringen. Das ist ein Prozess, bei dem man vielleicht über sich selbst noch mehr erfahren kann.

Ich mache viel zu jüdischer Thematik. Zu Geschichte, zu Religion, zu Kultur, zu Musik in verschiedenen Kontexten. Als Organisator, als Kommunikator und als Künstler. Zu Israels

70. Jubiläum 2018 habe ich das Yachad Chamber Orchestra, hebräisch für zusammen oder gemeinsam, gegründet. Es ist kein festes, sondern ein Projektorchester mit israelischen und deutschen Musikern und zumindest die Solisten sind jüngere Leute. Ich überlege mir verschiedene Projekte oder wir werden angefragt, zum Beispiel von der Deutschen Botschaft in Krakau oder Melbourne. In dem Fall hat uns das Auswärtige Amt gefördert, ansonsten kommen Spenden aus der Wirtschaft oder wir haben Sponsoren, bei denen ich meine Bettelrunde drehe.

Die Grundidee dieses Orchesters ist, dass man miteinander musiziert und damit ins Gespräch kommt. Und natürlich ist es auch eine Botschaft, dass man Israel nicht boykottiert, sondern gegen BDS arbeitet. Es ist nur ein Tropfen auf heißem Stein, aber es ist besser als kein Tropfen. Denn ich sehe ja die Brennpunkte, die Probleme; ich sehe, dass das alles gar nicht so rosig ist, wie sich häufig auf die Schulter geklopft wird. Ich will gegen die bestehenden Ressentiments vorgehen, gegen judenfeindliche und israelfeindliche Tendenzen. Mit Bildung, mit Aufklärung, mit Kultur, mit Vorträgen, mit Konzerten. Es ist nicht, weil ich mich präsentieren möchte oder ein bisschen Geld verdienen möchte. Ich mache das zum größten Teil ehrenamtlich, aus ideeller Überzeugung. Sonst wäre ich schon längst ganz in Israel.

Es gibt aber auch andere Gründe, die mich noch nicht morgen dorthin fahren lassen. Erstens sind meine Eltern schon Mitte siebzig. Sie haben eine Immigration überlebt und jetzt nach 20 Jahren ihre Ruhe gefunden. Und dann gehen wir in ein Land, wo sie nicht einmal die Schilder auf den Straßen lesen können? Auch wenn sie mit Russisch in Israel wahrscheinlich ganz gut klarkommen würden. Wenn sich, um Gottes Willen, die politische

Situation hier ändert, dann gibt es immer noch diese Hintertür. Und die zweite Sache ist: Als Musiker ist es schwierig. Es ist ein kleines Land. Permanent bedroht, es hat andere Prioritäten. Jeder spielt Geige, jeder ist musikalisch, und der Markt ist klein. Nicht, dass ich einen hohen Lebensstandard habe, überhaupt nicht, aber ich könnte als Freelancer dort nicht wirklich leben. Oder zumindest nur irgendwie.

Aber ich bin jedes Jahr häufiger dort. Und auf allen Reisen habe ich den Tallit meines Großvaters dabei. Ich habe ihn nicht gekannt, aber das ist sein Tallit aus einer armen Familie, in der es trotzdem eine Thora gab, die es wie die anderen alten Gebetbücher auch noch gibt. Und weil das seine Hand ist, sein Arm, der mich beschützt, muss er jetzt auch wissen, dass der Enkel sich für ihn nicht schämt, wie etwa: Da war so ein Meschiggener, so ein Religiöser, wir sind jetzt mal anders, alle aufgeklärt. Nein, jemandem ist dieses – primitiv formuliert – Stück Stoff sehr wichtig. Er wollte immer dieses Land sehen, und deshalb habe ich sein Foto dahin gebracht. Es stand auch an der Kotel beim Gebet, und wenn zu Hause Schabbat gefeiert wird, steht es auf dem Tisch. Der Großvater ist immer dabei.

SHARON RYBA-KAHN

Geboren am 7. Mai 1983 in München
Regisseurin, Doktorandin (Drehbuch/Dramaturgie)
Lebt in Berlin

MEIN JÜDISCHSTER MOMENT?

Ich finde die Frage schwierig, aber hier ist ein Versuch, sie zu beantworten. Ich war mit ein paar Freunden unterwegs in Berlin. Wir mussten rennen zur Tram und ich habe mich da reingeschmissen und die Tür aufgehalten, alleine. Meine Freunde haben so gelacht und gesagt: »Mein Gott, du benimmst dich wie eine Löwin.« Dieser Wunsch, retten zu wollen … Dieser Wunsch, für andere da zu sein, sich um andere zu kümmern. Das identifiziere ich sehr mit dem Judentum.

»Wenn man sagt, man ist jüdisch, gibt es immer dicke Luft«, erzähle ich in einer Szene meines Filmes ›Displaced‹. Was dicke Luft bedeutet? Dass dein Gegenüber ein Unbehagen darüber verspürt, dass du bist, was du bist. Und nicht nur das, es gibt einen ganzen tiefen Wunsch, das Unbehagen zu verdrängen und am liebsten zu etwas anderem überzugehen, oder man empfindet Schuldgefühle. Dieses Unbehagen – als Jüdin kenne ich es in dieser Form nur in Deutschland. Wobei, dass Kollektive von Tätergesellschaften in ihrem Schweigen verharren, das kenne ich auch aus anderen Kontexten.

Was ich mir als jüdische Frau, die in Deutschland lebt, wünsche, ist Normalität. Aber die ist illusorisch, und das weiß ich. Das bedeutet nicht, dass ich nicht ganz vieles wunderbar finde an meinem Leben in Berlin, und ich treffe auch immer wieder ganz großartige Leute, die sich sehr wohl ihrer Geschichte gestellt haben. Ich habe viel Respekt davor. Am besten fragt ihr sie, warum sie sich getraut haben, sich ihrer Familienbiografie zu stellen. Was hat sie dazu motiviert? Sie machen aus meiner Perspektive etwas richtig. Ich kann es allerdings nicht beurteilen, denn ich befinde mich auf der gegenüberliegenden Seite – als Jüdin, als Enkelin von Überlebenden. Diese Menschen, von denen ich spreche, sind aufgrund dieser Auseinandersetzung mit sich im Reinen. Die Konsequenz ist, dass sie mich oder andere Jüdinnen und Juden nicht benutzen müssen, um mich entweder abzuweisen oder verwerflich mit mir umzugehen, weil sie sich schlecht beziehungsweise schuldig darüber fühlen, dass ihr Großvater zum Beispiel ein SS-Mann war. Ich glaube, dass man unbewusst als Jüdin oder Jude dafür verantwortlich gemacht wird.

Nachdem ich den Film *(in dem sie ihre eigene Familiengeschichte rekonstruiert, die Verf.)* gemacht habe, bin ich weniger wütend. Wut ist ja psychologisch gesehen ein Abgrenzungsmechanismus, wenn man sich das Recht gibt, wütend sein zu dürfen. Was, abhängig davon, in welchem Kulturkreis man aufwächst, mehr oder weniger der Fall ist. Hier ist es oftmals nicht okay, wütend zu sein. Man darf zwar passiv-aggressiv sein, ganz schön schlampig daherreden, grad in Berlin, aber so richtig wütend zu sein und den Leuten knallhart zu sagen, was man denkt, gerade wenn es mit schwierigen Emotionen verbunden ist, das ist nicht so gut. Auch nicht willkommen. Und das galt es zu verändern. Weil ich wusste, dass ich etwas besprechen muss, was nicht gesagt wird. Ich habe das mein ganzes Leben lang gespürt, gespürt, gespürt. Gespürt in verschiedenen Erlebnissen, dass die deutsche Mehrheitsgesellschaft zum größten Teil ihre Geschichte und ihre Verbindungen zur NS-Zeit nicht aufgearbeitet hat. Das merkst du als Mensch, der jüdisch ist, ganz klar. Und wenn er dritte Generation ist, umso mehr. Aber das heißt auf keinen Fall, dass wir die ganze Zeit nur trauern. Es bedeutet nur, dass es immer da ist, ein Teil unserer alltäglichen Realität ist. Ich kann in Deutschland nicht nicht an die Shoa denken.

Ich glaube, dass Deutschland sich bald so verändert, dass die Mehrheit das Gefühl haben wird, ihre eigene Gesellschaft nicht wiederzuerkennen. Wir Juden werden das kleinste Problem sein, denn in dieser Mehrheitsgesellschaft ist Integration insgesamt ein Problem. Ich bin da nicht die Einzige, die das betrifft. Sinti, Roma, Jesiden, alle mit Migrationshintergrund, mit denen ich mehr Gemeinsamkeiten teile als mit Menschen, die keinen haben. Ich – aber das ist persönlich, das betrifft nicht jeden jüdischen Menschen – lese mich nicht als weiß. Ich lese mich als PoC, weil mich die Mehrheitsgesellschaft dazu gemacht hat. Ich habe in Deutschland Rassismus erfahren, bevor ich überhaupt Antisemitismus erfahren habe.

Und wenn man mir sagt, »Du bist weiß« – und man würde ja so gerne auch sagen, »Du bist eine deutsche Jüdin« –, bin ich es aber nicht. Wie oft ich das schon korrigiert habe, wenn es in einem Text zu meinem Film heißt: »Es geht um die deutschen Juden ...«. Diese wirklichen deutschen Juden gibt es, ich gehöre nur nicht dazu. Ich bin hier aufgewachsen, aber diese ersten vierzehn Jahre haben mich eben so geprägt, mich nicht deutsch zu fühlen. In den letzten fünfzehn Jahren, in denen ich wieder hier lebe, musste ich meine Identität nicht mehr suchen. Ich bin eine Franco-Israelin. Natürlich prägt es mich auch, hier zu sein. Aber auf anderer Ebene. Es geht mir auch nicht darum, mich abzugrenzen. Ich habe eine Patchwork-Identität. Wenn man sich die Zeit nimmt, Abschnitte seiner Biografie zu verarbeiten, dann kommt man bei sich an, zumindest war das bei mir der Fall.

Ich bin ich eine jüdische Regisseurin und definiere mich ganz und gar mit folgenden spezifischen Problematiken. Ich bin 1983 geboren, das heißt, es sind fast 40 Jahre nach dem Krieg vergangen. Eine Zeit, wo wir viel mitgekriegt haben. Ich bin in München geboren und groß geworden, also in Deutschland, in dem Land der Täter. Als ich vierzehn war, zogen wir nach Jerusalem. Ich bin gesellschaftlich von der Minderheit in die Mehrheit übergegangen. Von einem Kind, das der dunkelste Mensch im Gymnasium war, voll in den palästinensisch-israelischen Konflikt. Mit 18 als Deserteurin – ich wollte nicht zum Militär – nach Paris, ein Versuch, mich als halbe Französin, halbe Israelin mit meiner französischen Identität auseinanderzusetzen. Den israelischen Teil musste ich also liegenlassen, ein weiterer Bruch. In Paris lebte ich zwei Jahre und bin da überhaupt nicht angekommen. Ich versuchte, gleichzeitig Arabisch und Schauspiel zu studieren, weil mir nicht klar war, wie ich die Welt am besten retten könnte – als Politikerin mit Entscheidungen oder als Schauspielerin, indem ich Geschichten erzähle. Alles sehr naiv, und alles ging schief. Dann aber viel Glück gehabt und auf einer Schauspielschule in New York gelandet. New York war der erste Moment in meinem Leben, wo ich trotz aller Schwierigkeiten angekommen bin, weil ich plötzlich umgeben war von Menschen, die alle brüchige Identitäten hatten. Genauso wie ich. Das war unglaublich wichtig, das erleben zu dürfen. Und dann war nach vier Jahren mein Visum abgelaufen. München war keine Option, weil es für mich ein viel zu schmerzhafter, schwieriger Ort war. Inzwischen hat auch das sich verändert. Seit 2007 bin ich in Berlin.

Es ist eine normative Idee, dass man irgendwo ankommen müsse. Mittlerweile ist dieses Nomadendasein, das eigentlich bedeutet, dass man überall ankommen kann, zu Hause sein kann, ein fester Teil meiner Identität geworden. Man entwickelt sich weiter in seiner Identität, sie ist ja auch immer etwas Durchlässiges in zwei Richtungen. Es gibt das Innere und das Äußere, die Außenwelt und wie sie dich spiegelt. Und wie gesagt, ich bin eine jüdische Regisseurin, und diese Idee von Tikkun Olam beschäftigt mich. Die Welt reparieren zu wollen, das ist so tief in mir verankert. Das heißt, es geht nicht um mein kleines Ego und dass ich mich an etwas abarbeite. Es geht mir grundsätzlich um etwas Größeres, sogar, wenn ich mich als Arbeitsfläche benutze, wie viele Künstler*innen das tun. Das, was man im Film sieht, ist gewollt und präzise und gesetzt. Ich versuche, meine inneren Gefühle und Gedanken in eine filmische Form umzusetzen. Ich bin daran interessiert zu verstehen. Tiefer zu gehen, mehr nachzudenken.

Und nochmal zurück zu Identität und damit verbundenen unerträglichen Situationen, die ich zum Beispiel in einer Bar oder auf dem Podium erlebe. In der Bar möchte ich meine Identität nicht erklären müssen. Erklären und rechtfertigen, das ist das, was ich die ganze Zeit mache. Und rechtfertigen möchte ich mich schon gar nicht. Ich möchte Ruhe haben und den Moment genießen dürfen. Auf Podien musste ich lernen, mit mir gnädiger umzugehen. Es gab sehr viele Momente, wo ich nicht perfekt für mich geantwortet habe. Ich meine damit: Ich habe mich nicht genug gewehrt, weil ich aus Selbstschutz abgespaltet habe – ich nenne es entering a traumatic space – und nicht mehr reagieren konnte. In dem Moment löste die Frage etwas so Schwieriges aus, dass ich keine Worte mehr finden konnte, um mich zu schützen. Ich wurde zum Beispiel gefragt, warum sich denn die Juden nicht gewehrt haben im Zweiten Weltkrieg. Diese Frau stellte mir die Frage in einem privaten Gespräch nach der Q&A und nachdem sie meinen Film gesehen hatte und wir den Kinosaal verließen. Bis heute bin ich baff, wenn ich über die Situation nachdenke. Ich wusste einfach nicht, was ich tun sollte. Es ist psychologisch gesehen so krass, es ist so perfide, so pervers, so krank. In so einer Situation verschwindet die Ende 30-jährige Frau und wird zu einem unschuldigen Kind und kommt nicht klar, sie ist auf die Perversion nicht vorbereitet. Und diese Perversion habe ich nicht nur einmal erlebt. Das

Problem ist, dass ich meine Wehrhaftigkeit in dem Moment verlor. Denn an dem Punkt fühlte ich mich tatsächlich emotional missbraucht, benutzt – es war ekelhaft.

Ich bin sehr dankbar, dass ich mittlerweile kompetente Leute kenne, mit denen ich über diese Erfahrungen sprechen kann. Und die ganz klar sagen: »Das ist eine Gewalterfahrung.« Das Schlimme an dieser Situation ist, dass die meisten Menschen sich gar nicht bewusst darüber sind, was sie gerade machen.

LEON KAHANE

Geboren am 14. Oktober 1985 in Ostberlin
Bildender Künstler, Mitgründer des Forums demokratische Kultur und zeitgenössische Kunst
Lebt in Berlin

MEIN JÜDISCHSTER MOMENT?

Der jüdischste Moment ist der, wo ich mit Juden zusammen bin. Wo ich durchatmen kann, wo ich unbeschwert bin. Wo ich nicht das Gefühl habe, ich muss mich verstellen oder mich verteidigen. Wo ich mich einfach zurücklehnen kann. Das ist auch der Moment, wo mir bewusst wird, wie stark der Anpassungsdruck und der Kampf und das ständige Erklären meinen Arbeitsalltag, also mein Kunstumfeld, betreffen und definieren.

Mein Blick ist eindeutig sehr dem Jüdischen zugewandt. Ich habe ja *nur* einen jüdischen Vater, meine Mutter ist nicht jüdisch. Aber mein großes Glück ist, dass meine Mutter mich – und dafür bin ihr für immer dankbar – aus allem, was kultureller Zugriff ihrer Familie gewesen wäre, herausgehalten hat. Sie ist aus ihrer sehr deutschen, geistig engen Familie ausgebrochen und hat sich nicht umsonst diesen Mann gesucht, der wirklich sehr jüdisch ist. In Deutschland, denke ich immer, wirkt er oft außergewöhnlich, aber in Israel ist er ein ganz normaler Typ. Er kann einerseits rau und aufbrausend sein und ist andererseits unendlich liebevoll und überhaupt nicht nachtragend. Der ist ein Weltmensch, könnte überall in der Welt leben, weil er so offen ist. Gleichzeitig als Vater manchmal anstrengend. Er ist die zweite Generation, da hat natürlich auch viel Verdrängung stattgefunden. Und weil er es nicht gemacht hat, auch nicht konnte, muss ich mich damit auseinandersetzen. Es ist sozusagen eine Aufgabe der dritten Generation, die man nicht umgehen kann. Und bei allem, mit dem ich mich beschäftige, muss ich halt von vorne anfangen. Wobei mich beim Denken auch viel meine Tante *(die Journalistin Anetta Kahane, die Verf.)* unterstützt, die vielleicht, weil sie ein bisschen später geboren ist und das nicht ganz so krass abbekommen hat wie mein Vater und mein Onkel, sich schon anders damit auseinandersetzen konnte.

In meiner Familie habe ich auch an anderer Stelle Glück gehabt, weil trotz Kommunismus und DDR es keine antizionistische Familie war. Mein Opa hat auch keine Palästina-Solidaritätslisten unterschrieben. Er sagte immer, er sei ein stolzer und sehr bewusster Jude. Er war eine charismatische Person. Ist aus mehreren Lagern geflohen und war einer von nur zwei Überlebenden in einem dieser Lager.

Diese Geschichten, natürlich mehr die Widerstands-Heldengeschichten, wie sie zum Beispiel Paris befreit haben, die wurden erzählt, auch schon den Kindern am Küchentisch. Aber in der Öffentlichkeit eigentlich nie. Angeben mit so etwas, das war ein absolutes Tabu. Das ist nicht Teil der Familienkultur gewesen, sich mit diesen Sachen zu schmücken. Aber für mich ist das alles eine Art Material – eigentlich ist das ja auch Aufarbeitung. Aber die widerspricht dem Zeitgeist. Der Zeitgeist versucht, genau das, was ich so oft problematisiere, wieder zu legitimieren: bestimmte Formen der Sprache und des politischen Aktivismus, die ich so unangenehm finde, weil sie die Aufklärung verschieben. Deshalb ist es anstrengend, es ist ein ständiger Kampf für mich.

Ich habe es beobachtet, habe das selber erlebt. Erlebe es auch noch, immer wieder. Dass meine Arbeit sehr gut auf ein Thema passt, aber ein Bogen um mich gemacht wird. Man spricht jetzt immer von Silent Boycott. Kann man natürlich schwer nachweisen, aber man kriegt es ja mit. Auch, wie intern meine Person besprochen wurde und an welcher Stelle überlegt wurde – obwohl ich Themen meistens weit voraus gewesen bin und sie auch benannt habe –, mich auszuschließen von Ausstellungen. Und zwar ab dem Moment, als klar wurde, wo ich politisch stehe und dass ich nicht aus einem Trend heraus BDS legitimieren oder den Antizionismus sprachlich mittragen würde. Oder den Zionismus als Faschismus frame, weil es einfach nicht stimmt, und ich nicht bereit bin, mich auf falsche Fakten einzulassen, nur damit ein Argument stimmig wird. Ab dem Punkt jedenfalls bin ich zunehmend übergangen worden.

›Jerrycan‹ war ein sehr gutes Beispiel. Ein halbes Jahr, nachdem ich die Arbeit gezeigt habe, haben zwei Aktivisten, BDS-Relativierer, die auch der Meinung sind, dass die Shoa die Erinnerungskultur monopolisiert, sich die angeeignet und instrumentalisiert für ihre Zwecke. Damals sollte ich in einem Raum in der Leipziger Straße in Berlin eine Ausstellung machen – zufällig direkt neben der Julia Stoschek Collection. Ich erinnerte mich, was ich gelesen hatte zu ihrem Urgroßvater Max Brose *(NSDAP-Mitglied und Wehrwirtschaftsführer, in dessen Unternehmen der Wehrmacht-Einheitskanister hergestellt wurde, die Verf.)*. Ich fing an, intensiv zu recherchieren, auch in Coburg *(Sitz der Firma Brose Fahrzeugteile, die Verf.)*, und habe dann ein Video gemacht über den Kanister. Und da erzählt dieser Kanister, englisch Jerrycan, im Stil eines Zeitzeugen seine Geschichte, so wie mein Großvater bei der Shoa Foundation seine Geschichte erzählt hat. Vieles, was er im Video über sich selbst als Produktbeschreibung sagt, ist eins zu eins von der Brose-Website übernommen, stammt also aus den eigenen Quellen.

Diese Arbeit war mir wichtig, denn da geht es auch darum, wie Julia Stoschek ihre Institution darstellt und welchen Künstler sie in ihrer Medienkunst-Sammlung zeigt. Da gibt es viele, die sich mit Kolonialismus und Sklaverei auseinandersetzen. Aber sie selbst könnte sehr schnell sehr viel für eine Aufarbeitung der Familiengeschichte tun. Nämlich für einen Teil des Kolonialismus, des Sklavenhaltertums, das noch viel zu wenig besprochen ist, und das ist in dem Fall die Geschichte der Zwangsarbeiter. Diese Biografien kenne und teile ich, auch wenn meine Großeltern nicht Zwangsarbeiter waren. Mein Großvater musste in Lagern in Frankreich arbeiten, und natürlich gibt es da Überschneidungen. Deswegen ist mir das sehr vertraut. Und deshalb habe ich eine konkrete Forderung – nämlich Aufarbeitung. Die Familienarchive öffnen, sich bekennen dazu und sich aktiv damit auseinandersetzen. Und nicht irgendwo ein paar Tausender in einen Fond einzahlen. Die beiden Aktivisten hingegen meinen, sie solle sich mehr von ihrem Urgroßvater distanzieren, das würde scheinbar reichen. Wer hat denn davon etwas? Die haben der Debatte so viel Schaden zugefügt, und weil ich das benannt habe, bin ich ein Feindbild.

Irgendwann habe ich mehr über dieses Ausgrenzen nachgedacht und dann 2018 das Forum demokratische Kultur und zeitgenössische Kunst mitgegründet, um auf das Strukturelle zu schauen. Wir haben Interviews geführt mit Leuten, die aus verschiedenen Perspektiven die Relevanz antisemitischer oder auch kulturpessimistischer Ideologien unter anderen am Beispiel Türkei beschreiben. Wir haben Veranstaltungsreihen organisiert, auch eine in der Berliner Volksbühne, die hieß ›Kontinuitäten des Antisemitismus‹ und beschäftigte sich mit verschiedenen Elementen, die besonders typisch sind für den Antisemitismus.

Was mich interessiert, ist immer die Repräsentationsfrage: Wie soll Kunst und Kultur Politik repräsentieren? Es gibt für mich keine Kunst, die nicht mit Politik verknüpft ist. Kunst hat sich immer mit gesellschaftlichen Umständen beschäftigt, auf verschiedene Art und Weise, aber war nie desinteressiert. Weil es in der Kunst auch immer darum geht, wo sie selber steht. Und mir geht es immer darum, was der Zustand der Kunst über den Zustand der Demokratie verrät. Natürlich auch deshalb, weil meine Großmutter Künstlerin in der DDR war und die Biografien meiner Großeltern auch eine repräsentative Funktion für die politische Linie der DDR hatten. Es gab also eine Aneignung. Und um so was geht es in meiner Arbeit.

Ich verarbeite auch deshalb Familiengeschichte, weil meine Großeltern nun mal beteiligt waren an Momenten, die von historischer Relevanz sind. Mein Großvater, der als Journalist bei den Nürnberger Prozessen und beim Eichmann-Prozess war, und meine Großmutter, die immer dabei war. Sie sind dann auch Teil einer internationalen, eher kommunistischen intellektuellen Szene gewesen. Sie haben mit Nehru in Indien verkehrt, und meine Oma hat übersetzt für Hô Chí Minh. Ich mache jetzt nicht Bilder von meiner Oma. Sondern es geht zum Beispiel um das Lager Drancy, in dem sie war, über das ich einen Film gedreht habe. Es gibt da zwei Gedenkstätten. Eine offizielle, Neubau und repräsentativer Teil des Mémorial de la Shoah in Paris. Und das andere ist ein persönlicher Gedenkort, ursprünglich von Überlebenden; jetzt sind es die Kinder von Überlebenden, die inzwischen selbst steinalt sind. Ich habe da unheimlich rührende Leute getroffen – fange fast an zu heulen, wenn ich dran denke –, und die tragen diese schreckliche Geschichte in sich. Natürlich trägt auch mein Vater meine Oma in sich. Aber an diesem Ort, diese Verbindung, und wie die das machen, das war schon was Besonderes für mich.

Ich habe mich selbst immer als Jude verstanden. Das liegt daran, dass ich schon als Kind in den jüdischen Alltag eingebunden war. Mein Vater war befreundet mit dem Vorsitzenden von Adass Yisroel, das war vor der Wende das Umfeld. Und nach der Wende ging ich ab meinem siebten Lebensjahr in eine jüdische Schule, eine Ganztagsschule. Ich war da komplett eingebunden und es gab nie eine Frage. Es war mein Alltag, ich war immer damit konfrontiert. Mein Großvater war Holocaust-Überlebender, ich bin mit ihm aufgewachsen, er hat gelebt, bis ich neunzehn war. Ich bin immer als Jude aufgetreten, auch mit den entsprechenden Konflikten: dass die Großeltern von irgendwelchen Kindern mich zum christlichen Gebet zwingen wollten, oder dass die Mutter eines Freundes einen palästinensischen Boyfriend hatte, der sich an mir – ich war zehn – abgearbeitet hat. Solche Sachen habe ich dauernd erlebt, auch auf der Straße und im Freundeskreis. Und irgendwann, mit zunehmendem Verstehen, habe ich das natürlich auch mit dem vaterjüdisch begriffen.

Es ist interessant, dass ich, so wie andere es beschreiben, niemals sagen würde, dass die Halacha konservativ ist. Obwohl im Prinzip doch, weil sie ja etwas konserviert. Aber das ist nichts Konservatives im Sinne von nichtprogressiv. Die Halacha hat auch einen progressiven Zweck: Sie schützt, was das Judentum als etwas Progressives durch die Jahrhunderte getragen hat. Sie ist nicht zeitgeistig interpretierbar, das heißt, ich muss mich damit auseinandersetzen, was sie bedeutet. Und selbst, wenn ich jetzt konvertiere, werde ich in Bnei Brak nicht anerkannt werden. Aber was das Kulturelle angeht, wo man eben nicht reinkonvertieren kann, das war immer ganz klar bei mir. Ich war oft in Israel, meine Geschwister leben da, ich habe dort als Pressefotograf gearbeitet. Meine Verbindung zu alldem, das war meine kulturelle Prägung und die wäre mit einer jüdischen Mutter nicht viel anders gewesen. Oder vielleicht doch.

GILA BAUMÖHL

Geboren am 28. Januar 1988 in Jerusalem, Israel
Politikwissenschaftlerin, Persönliche Referentin des Präsidenten des Zentralrats der Juden in Deutschland
Lebt in Frankfurt am Main

MEIN JÜDISCHSTER MOMENT?

Wenn wir früher nach Israel geflogen sind und im Landeanflug schon die Küste sahen, und beim Aussteigen schlug uns die heiße Luft mit der hohen Luftfeuchtigkeit entgegen, und dann fuhren wir mit dem Bus zum Terminal und da stand dann: »Bruchim HaBaim LeIsrael – Welcome to Israel«. Das war immer so ein sehr emotionaler Moment. Ein Moment, wo ich mich sehr jüdisch, aber auch sehr israelisch gefühlt habe.

Seit meinem zwölften Lebensjahr spiele ich Volleyball und kenne viele Volleyballerinnen und Volleyballer in Deutschland, aber bisher keine jüdischen. Das war dann etwas schwierig, als ich mich bei Maccabi gemeldet habe, weil ich gerne antreten wollte bei der Maccabiah im Juli 2022; aber ich brauchte natürlich jemanden, mit dem ich spielen konnte und der jüdisch ist. Die Maccabiah ist nach Olympiade und Paralympics der drittgrößte internationale Sportwettbewerb, alle vier Jahre in Israel. Die Anfänge waren in den Dreißigerjahren, seitdem findet sie mehr oder weniger regelmäßig statt mit jüdischen Sportlerinnen und Sportlern aus der ganzen Welt. Es hat sich glücklicherweise auch für mich eine Spielpartnerin gefunden und wir sind gematcht worden. Ich nenne es immer mein »Beachvolleyball-Schidduch«. Und ja, ich habe Deutschland in Israel vertreten.

Die Identitätsfrage ist bei mir etwas komplexer. Ich sehe mich schon als deutsche Jüdin, weil ich hier aufgewachsen und durch mein Umfeld sehr stark deutsch geprägt bin und kulturell auch jüdisch und israelisch. Ich bin in Jerusalem geboren, war noch ein kleines Kind, als wir nach München gezogen sind. Dort bin ich in den jüdischen Kindergarten gegangen und in die jüdische Grundschule. Weil es damals noch kein jüdisches Gymnasium gab, war ich auf einem städtischen. Ich hatte aus der Grundschulzeit noch Kontakte zu jüdischen Freundinnen und Freunden und habe während meiner Schulzeit nachmittags den jüdischen Religionsunterricht besucht. Ich habe auch das Abitur in jüdischer Religionslehre abgelegt, in Bayern ist das staatlich anerkannt. Und was Machanot anbelangt, da habe ich vieles ausprobiert, von liberal bis orthodox.

Aber neben der deutschen Identität habe ich natürlich auch die israelische Identität in mir. Mein Vater ist Israeli und hat mit uns Hebräisch gesprochen, meine Mutter spricht es auch. Als mein Bruder und ich in den Kindergarten gingen, fingen wir an, auf Deutsch zu antworten, wenn mein Vater Hebräisch mit uns sprach. Es war dann zu Hause so eine Mischung aus beidem. Hebräisch hat sich aber bei mir mit Kinderliedern, mit Büchern, mit Videos eingeprägt. Die Sprache ist auch dadurch präsent geblieben, dass wir unsere Familie in Israel jährlich besucht haben.

Ich merke, dass ich auf Themen, die Israel betreffen, auch anders blicke als Menschen, die diese Sozialisierung nicht haben. Ein Beispiel dafür war die Debatte 2022 um die Entschädigungszahlungen für die Angehörigen der während der Olympischen Spiele 1972 in Deutschland ermordeten israelischen Sportler. Die Perspektiven in der jüdischen Gemeinschaft sind ja wie alle Themen divers. Bei mir ist es so, dass durch meine Prägung es mich schmerzt, wie mit den Hinterbliebenen umgegangen worden ist, und dass damals wie heute viele Akten nicht zugänglich sind. Noch dazu, weil das in meiner Heimatstadt München passiert ist. Das Olympiazentrum oder das olympische Dorf, für mich sind das keine unbekannten Orte, und die Vorstellung, was damals passiert ist, finde ich schockierend. Deshalb war es mir wichtig, dass wir in dem deutschen PreCamp der Maccabiah eine Gedenkstunde abgehalten haben. Weil es der 50. Jahrestag des Attentats war und weil das Thema so lange unter dem Radar blieb. Selbst das Internationale Olympische Komitee hat zum ersten Mal überhaupt bei den vergangenen Olympischen Spielen in Tokyo eine offizielle Gedenkminute abgehalten. Bei der Eröffnungszeremonie der Maccabiah im Teddy Kollek Stadion in Jerusalem haben wir auch eine Gedenkminute für die Sportler abgehalten, um deren Schicksale noch mal in den Mittelpunkt zu rücken.

Wie es sich als Jüdin in Deutschland lebt? Es gibt schon Situationen, in denen ich mich stark wundere. Das Unverständnis für die jüdischen Perspektiven gehört dazu. Mich macht es jedes Mal betroffen, wenn in Israel wieder Raketen fliegen. Ich erinnere mich an 2014, als der Konflikt so hochbrandete und eine einzige nichtjüdische Freundin mich fragte, wie es mir geht. Alle anderen im Freundeskreis haben nicht nachgefragt. Aber das liegt vielleicht auch daran, dass ich nicht den ganzen Tag herumlaufe und erzähle: »Ich bin Jüdin, ich habe Familie und Freunde in Israel; das ist mir ein Herzensanliegen, was dort passiert.« Aber es beschäftigt mich ja doch. Und wenn ich die Hasskommentare im Netz sehe und die Demos und diese mangelnde Sensibilität der Mehrheitsgesellschaft erlebe, dann macht mich das eben betroffen. Da würde ich mir wünschen, dass das anders ist. Ich habe beispielsweise einen Kommilitonen aus der Zeit, als ich in Frankfurt meinen Master in Friedens- und Konfliktforschung gemacht habe, der Palästinenser ist und Familie in Gaza hat. Ich habe ihm damals geschrieben: »Wie geht es deiner Familie?« – und er hat sich nach meiner Familie in Israel erkundigt. Ich versuche, beide Seiten zu sehen und zu verstehen. Schwierig finde ich, wenn die Perspektiven und die Betroffenheiten ignoriert werden. Was heißt ignoriert, ich glaube, dass die Menschen oftmals gar nicht auf die Idee kommen, dass es da Betroffenheiten geben könnte. Vor ein paar Jahren hat ein Freund in einem Gespräch gesagt, Antisemitismus sei doch heute in Deutschland kein Problem mehr. Nur weil ich nicht jeden Tag darüber spreche, was mir an Antisemitismus begegnet, seien es Hasskommentare im Netz oder sonstiger latenter und auch offener Antisemitismus, heißt das nicht, dass er nicht da ist. Das hat mir auch wieder gezeigt, wie unterschiedlich die Lebenswelten sind.

Die zu vermitteln und die Interessen der jüdischen Gemeinschaft international zu vertreten, darum geht es auch beim Jewish Diplomatic Corps. Es ist das Flagship Program des World Jewish Congress, dessen Präsident Ronald Lauder dieses Corps gegründet hat als diplomatischen Arm der Jüdinnen und Juden in der Welt. Letztlich ist das ein Zusammenschluss von derzeit etwa 400 Young Professionals aus 40 Staaten, und es geht uns sowohl um jüdische Themen als auch um Themen, die Israel betreffen. Es gibt Konferenzen, an denen wir teilnehmen. Wir machen Veranstaltungen, sind involviert in verschiedene Kampagnen, organisieren Besuche in verschiedenen Botschaften der Welt, wo wir auf bestimmte Themen aufmerksam machen. Ich war beispielsweise 2021 mit einer Delegation in den Vereinigten Arabischen Emiraten. Wir haben uns dort getroffen mit Personen aus der Wirtschaft, aus Politik, aus der Zivilgesellschaft und auch mit der jüdischen Gemeinschaft vor Ort. Zu sehen, mit welcher Offenheit Jüdinnen und Juden und auch Israel dort begegnet wird, das war wahnsinnig spannend.

Ein anderes Erlebnis mit einer Delegation des World Jewish Congress – Jewish Diplomatic Corps ist mir in Erinnerung geblieben. Anlässlich des 75. Jahrestages der Befreiung von Auschwitz waren wir zu der Gedenkstunde dort und auch am Folgetag noch in Auschwitz und Birkenau. Mit einer jüdischen Gruppe an dem Ort zu sein, an dem meine Urgroßeltern vergast wurden und so viele andere Menschen ihr Leben gelassen haben, das war für mich sehr bewegend. Meine Mutter hat die Hände über dem Kopf zusammengeschlagen, als ich gesagt habe, ich fahre an meinem Geburtstag nach Auschwitz. Aber irgendwie hat es sich für mich richtig angefühlt. Das war ein sehr jüdischer Moment in meinem Leben.

© Dirk Brzoska

ZSOLT BALLA

Geboren am 18. Februar 1979 in Budapest, Ungarn
Militärbundesrabbiner, Landesrabbiner von Sachsen, Leiter des Instituts für Traditionelle Jüdische Liturgie, Vorstandsmitglied der Orthodoxen Rabbinerkonferenz Deutschland
Lebt in Leipzig

MEIN JÜDISCHSTER MOMENT?

Seit ein paar Jahren ist jeder Moment für mich jüdisch!

Meine Großeltern wohnten im selben Haus wie wir. Ich habe sehr viel Zeit mit ihnen verbracht und eine Sache, die ich immer von ihnen gehört habe, war, dass Erziehung unglaublich wichtig sei. Dass Juden klüger sind, das ist absolut Blödsinn. Aber es gibt etwas, das sich durch ihre Generationen zieht: die Betonung auf Erziehung und Bildung. Mein Opa sagte immer: »Alle materiellen Sachen kann man mit einer Unterschrift wegnehmen. Aber was du in deinem Kopf hast, kann man dir niemals wegnehmen.« Das ist nicht nur eine Shoa-Erfahrung, es ist eine jahrhundertelange Erfahrung. Im Judentum ist es ein zentrales Gebot, zu lernen und sich zu bilden.

1988 spürten in Ungarn auch die Religionsgemeinschaften, dass der Sozialismus bald vorbei sein würde, und sie konnten ihre Türen ein bisschen breiter öffnen. Es gab eine katholische Kirche, die einen Sonntags-Bibelunterricht für Kinder machte. Ich war neun Jahre alt und fragte meine Mutter, ob ich hingehen könne. Und sie antwortete: »Wir müssen reden. Du sollst wissen, dass du jüdisch bist. Weil ich Jüdin bin und die Großeltern jüdisch sind.« Das war für mich unglaublich spannend und begeisternd. Alle diese biblischen Geschichten, die ich gelesen hatte, das war Familie! Ich fand heraus, dass der Schwager meines Großvaters Kantor in einer Synagoge war. Und dass meine aus medizinischen Gründen notwendige Beschneidung nicht von einem Arzt gemacht worden war, denn die haben keine Ahnung. Wir aber haben jahrtausendalte Erfahrung. Deshalb hat die orthodoxe Gemeinschaft in Budapest die Beschneidung organisiert. Meine Mutter war komplett einverstanden, mein Vater auch. Aber interessanterweise war er nicht dabei. Warum? Damals war er Major der ungarischen Volksarmee, und wenn man 1979 herausgefunden hätte, dass ein hochrangiger Offizier an einem religiösen Ritus teilnimmt, wäre seine Karriere zu Ende gewesen.

Bis ich also neun Jahre alt war, ist das Wort Jude bei uns überhaupt nicht benutzt worden. Aber schon drei Jahre später ging ich in eine jüdische Schule und mit siebzehn auch mehr zur Synagoge. Mein religiöses Leben hat sich erst richtig entwickelt, als ich an der Uni war. Ich kam nicht von religiösen Wurzeln, ich musste das langsam lernen.

Im Sommer 2002 bin ich für ein Wochenende nach Berlin gekommen. Dieses Wochenende hat mein Leben geändert. Es waren zweieinhalb Tage sehr intensives Lernen in einer Jeschiwa, und ich habe damals verstanden, dass ich jemanden brauche, der mich lehrt, wie ich die alten Texte selbst öffnen kann. Denn das ist jüdisches Lernen. Es ist nicht, dass man mechanisch Kenntnisse sammelt. Nein, es sind die Sprachkenntnisse, die Methodologie und wie die Texte miteinander zusammengebunden sind. In Berlin bekam ich die Schlüssel für den alten großen Talmud, sodass ich ihn öffnen konnte.

Dieses Lernen war für mich faszinierend. Und – das ist das Wichtigste – zum allerersten Mal in meinem Leben habe ich junge Leute kennengelernt, die orthodox sind und absolut normal. In Budapest hat das Wort orthodox unglaublich viele stereotype pejorative Bedeutungen. Orthodox ist derjenige, der in einem großen Pelzhut geht. Aber hier studierte der eine Medizin, der andere Jura und gleichzeitig kamen sie jeden Tag zum Beten, sie aßen koscher, sie lernten jeden Tag ein, zwei Stunden. Das widersprach sich nicht.

Ich war Wirtschaftsingenieur, aber habe dann noch in Berlin und Jerusalem eine Rabbiner-Ausbildung gemacht. Im Studium hatte ich viel über Naturwissenschaften gelernt, über Ökonomie und Gesellschaftswissenschaften, aber auch über Jura und Psychologie. Das ist für viele Rabbiner die Norm. Die, die ich kenne, sie haben alle Mathematik oder Geologie oder Naturwissenschaften studiert, weil Religion dem nicht widerspricht. Im Gegenteil, die Frage ist: Wie komme ich zu einer schönen Synthese? Wie integriere ich meine Kenntnisse in mein religiöses Leben?

Um zum Beispiel die Familienreinheitsgebote einzuhalten, also die zwischen Frau und Mann, die von dem Menstruationszyklus der Frau abhängig sind, muss der Rabbiner biologische Kenntnisse haben. Er muss ganz genau wissen, was bedeutet die Blutung, wann fängt sie an, wie kann man überprüfen, dass es keine Infektion ist? Übrigens ist das größte Missverständnis dieses Gesetz von Unreinheit. Das ist nicht in dem Sinne von: Du bist schmutzig, sondern es lehrt uns, die Familiendynamik zu erhalten, das Feuer zwischen Mann und Frau zu halten, on and off. Zwölf Tage pro Monat trennen wir uns voneinander und dann haben wir noch sechzehn, siebzehn Tage zusammen.

Der Rabbiner muss aber auch chemische Kenntnisse haben, zum Beispiel, wenn es um die Zutaten für koscheres Essen geht. Er muss astronomisches Wissen haben, um das Kalendersystem zu verstehen. Psychologie ist unheimlich wichtig. Dazu kommt juristisches Wissen, um bestimmte Vorgaben im Zivilrecht, beispielsweise Familiengesetze, zu verstehen.

Also, jüdische Religion heißt nicht, ich bin in einem Ritualbereich einmal pro Woche eine Stunde. Sondern Judentum bedeutet, ich bin damit rund um die Uhr beschäftigt. Wie ich schlafen gehe, auf welcher Seite ich schlafe, wie ich meine Schuhe anziehe, alles ist geregelt. Judentum ist jeden Tag lernen. Ich habe auf meinem iPad und auf meinem Handy das ganze rabbinische Judentum. Ich habe einen kleinen USB-Stick, sieben Gigabyte nur Text-Files, nicht formatierte Texte. Da kann ich jederzeit in bestimmten Themenbereichen Quellen finden. Und wir haben die fünf Bücher Mose, die Thora, die wir regelmäßig in einem bestimmten Zyklus lesen. Wir lesen Wochenabschnitte, dann die Auslegungen und dann die verbundenen Talmud-Traktate, also die Mischna-Literatur.

Die Religion sollte für mich ein Wegweiser sein, wie ich mich ändere, wie ich mich verbessere. Sie sollte sich nicht dem Zeitgeist anpassen. Wenn ich etwas von meiner Theologie herausnehme und sage, ich möchte das nicht mehr glauben, der Rest ist in Ordnung, dann ist das schon eine andere Religion: nicht ein gottgegebenes System, sondern ein gesellschaftlich entwickeltes. Das ist jetzt nicht eine Kritik am reformierten Judentum, sie ist nur eine andere Religion als Orthodoxie-Judentum, für das ich mich entschieden habe, weil in ihm die größte intellektuelle Ernsthaftigkeit liegt.

Und dazu gehört auch der Respekt vor Frauen. Das Gesetz sagt, dass jede Art von zärtlicher Berührung zwischen Mann und Frau – wir sehen gerade das MeToo-Movement – verboten ist. Dazu gehört auch das Handgeben. Aber meine Lehre und meine Rabbiner gehören zu der Gruppe, die sagt, dass man den anderen niemals beleidigen soll. Wenn mir also eine Frau die Hand reicht, mache ich einen sehr kurzen formellen Handshake. Von mir aus aber strecke ich die Hand nicht aus.

Apropos Mann und Frau: Es gibt einen Segensspruch am Morgen mit zwei Versionen. Das klingt erst mal sehr provozierend.

Männer sagen: »Gesegnet seiest du, Ewiger, unser Gott, König der Welt, der mich nicht als Frau erschaffen hat.« Und Frauen sagen: »Gesegnet seiest du, Ewiger, unser Gott, König der Welt, der mich nach seinem Willen erschaffen hat.« Das bedeutet: Die Frauen sind in den Augen des Schöpfers schon perfekt. Die Männer sind es nicht, sie müssen es sich noch physisch – mit der Beschneidung zum Beispiel – erarbeiten. Verpflichtet zu beten sind auch die Frauen, aber weil sie diese höhere Spiritualität, diese Verbindung haben, nur einmal pro Tag und wo sie es möchten. Die Männer, weil sie diese Verbindung verbessern müssen, sind verpflichtet, dreimal pro Tag in dem rigiden Rahmen einer Synagoge zu beten.

Warum ich 2021 *(der erste seit 1918, die Verf.)* Militärbundesrabbiner wurde? Weil Deutschland einen Militärrabbiner braucht, um die Paradigmen zu ändern. Früher war es Pflicht, zur Bundeswehr zu gehen. Juden hingegen, zwei Generationen nach den Überlebenden, waren befreit. Das bedeutet, würde es heute noch eine Wehrpflicht geben, wäre auch mein Sohn befreit. Es war einer jüdischen Person nicht verboten, aber aus historischen Gründen ging man natürlich nicht hin. Deshalb ist meine Rolle – nicht ich, sondern die Rolle – sehr wichtig. Wir müssen zu einer neuen Ära kommen, wo jüdische Soldaten eine Norm sind, genau wie in den Vereinigten Staaten, in den Niederlanden oder in Frankreich. Und ich bin dafür da, eine neue Atmosphäre zu schaffen. Damit ich nicht eines Tages meinem Sohn, wenn er sich entscheidet, zur Bundeswehr zu gehen, sage: »Du bist ein religiöser Jude, das ist nicht ein Ort für einen jungen Mann wie dich.« Sondern ich kann sagen: »Ich weiß, was dich erwartet – und du kannst das machen.« Das ist mein Ziel.

Wir müssen das natürlich in denselben Strukturen durchführen, die bei den anderen Religionen, in diesem Fall evangelische und katholische Seelsorge, schon existieren. Religiös betrachtet sehe ich aber die Soldaten mit komplett anderen Augen als ein christlicher Seelsorger. Sogar viel besser – auch wenn das jetzt nicht politisch korrekt ist. Aber das ist die theologische Wahrheit. Ich habe den nichtjüdischen Soldaten mehr zu geben, weil ich sie unterstütze, moralische Menschen zu sein, ohne sie überzeugen zu wollen, zum Judentum zu konvertieren. Juden betreiben keine Missionarsarbeit, weil wir denken, dass alle Menschen diese persönliche Verbindung mit Gott haben. Außerdem brauchen wir nicht mehr jüdische Menschen, die die Gesetze nicht halten. Wir haben schon genug.

© Valentin Lutset

DR. ANASTASSIA PLETOUKHINA

Geboren am 20. März 1986 in Moskau, Sowjetunion
Sozialpädagogin, Soziologin, Direktorin von Jewish Agency Activity
Lebt in Berlin

MEIN JÜDISCHSTER MOMENT?

Das war unsere Chuppa und die Hochzeit, weil es auch unmittelbar nach unserem Tauchen in die Mikwe im Kontext des Giurs erfolgt ist. Es ist auch der jüdischste Moment meiner ganzen Familie gewesen, gerade für meinen Großvater, der sein ganzes Leben lang das Jüdischsein bedeckt halten musste. Für ihn war es die ultimative Freiheit, dass seine Enkeltochter all das Versteckte in seiner Familie und all die Codes, die seine Mutter ihm mitgegeben hat, aufgenommen hat. Dass ich halachisch volljüdisch in Berlin unter der Chuppa stehe. Er hatte den ganzen Tag Tränen in den Augen, weil sich für ihn der Kreis schloss.

Für mich war das aufregend, nach Deutschland zu fahren, weil auch viele von meinen Freundinnen, Freunden schon irgendwann mal im Ausland waren und ich noch nicht. Nicht nur, dass wir dahin fahren, wir ziehen dahin! Zum Thema Deutschland hatte ich natürlich eine Frage. Es wurde ganz offen darüber gesprochen, dass die Urgroßeltern im Krieg gegen die Nazis gekämpft haben. Es wurde ganz offen darüber gesprochen, dass meine Großmutter als kleines Mädchen ihrem Vater nachgezogen war in den Krieg, weil ihre Mutter gestorben war und sie deshalb als Achtjährige *an die Front* musste. Diese Geschichten hatten wir ganz intensiv bei uns zu Hause.

Es wurde nicht thematisiert, dass wir jüdisch sind. Es war nur ganz klar, dass wir keine Christen sind. Das fügte sich auch logisch in das Ganze ein: postsowjetisch, keine Religion, dann ist es so. Als es dann aber Richtung Deutschland ging, habe ich erfahren, dass es den Holocaust gab und was das eigentlich bedeutet. Ich war geschockt – warum gehen wir dahin? In ein Land, das Menschen wie unsere Familie umbringen wollte? Mein Großvater sagte: »Sonst würde ja Hitler gewinnen. Wir fahren dahin, weil wir Gemeinden aufbauen.« Ich glaube, dass das zum großen Teil wirklich seine Motivation war. Vielleicht auch seine Rechtfertigung seinem verstorbenen Vater gegenüber, für den das undenkbar gewesen war, zu den Nazis zu gehen. Faschisten war das Narrativ.

Erst habe ich also erfahren, dass es den Holocaust gab, und dann, weil meine Großmutter es mir eröffnete, dass wir jüdisch sind. Was heißt erfahren? Da habe ich den Namen für etwas bekommen, was irgendwie in der Luft lag. Aber das hatte für mich überhaupt keine Bedeutung, jüdisch hatte für mich keinen Bezug. Mein Großvater musste sein Leben lang einen riesigen Bogen um die Synagoge machen, damit ja keiner Verdacht schöpfte und er dann Probleme bei der Arbeit bekam. In den Neunzigern fing er an, sich damit zu beschäftigen, wo er in dem Ganzen steht, wie er ein neues Judentum für sich finden kann. Erst später habe ich verstanden, dass er mich ganz häufig mitgenommen hat auf diese Entdeckungsreise, aber ich habe das nicht gelesen als jüdisch. Ich erinnere mich jetzt, retrospektiv, dass ich bei einer Schabbat-Feier dabei war, die ich aber gar nicht als solche verortet habe.

So nach und nach sind Sachen klar geworden. Ein Beispiel: Ich lebte schon in Berlin, meine Mutter kommt zu Besuch, wir sprechen über das Kochen, und sie sagt: »Meine Großmutter hatte immer so ein Gericht, süßsaures Fleisch, das super lange gekocht hat.« Ich: »Sie hat euch doch immer Samstagmittag eingeladen? Sie hat euch Tscholent gekocht!« Später stellte sich heraus, dass mein ach so anti-anti-religiöser Urgroßvater versteckt in die Synagoge gegangen ist und Mazza geholt hat – zu Sowjetzeiten. Auch wenn er nicht dran glaubte, das gehörte dazu, das musste sein. Für meine Urgroßmutter war das auch wichtig, aber sie hat zu Pessach Baumkuchen gemacht, um das den Nachbarn zu geben, damit bloß nicht der Eindruck entsteht, dass sie jüdisch sind. Es wurde schon sehr, sehr viel geheim gehalten.

Ich war zwölf, als wir als Kontingentflüchtlinge nach Deutschland kamen. Die ersten drei Monate waren wir in Bad Schwartau, sind dann nach Lübeck gezogen. Von Tag eins an war ich dort in der Jüdischen Gemeinde. Und plötzlich war mir klar, dass all die Familientraditionen, die wir gepflegt haben, und all das, was so selbstverständlich zu unserem Alltag gehörte, ebenso wie die Art zu denken, teilweise jüdisch war. Da hat es sich zusammengefügt wie ein Puzzle, und ich dachte, okay, das ist meins.

Später habe ich mich mit meiner Biografie als Forschungskonzept auseinandergesetzt, in verschiedenen Kontexten über sie gesprochen und versucht, sie einzuordnen. Und ich bin religiös geworden. Ich hatte so viel Ausgrenzung erfahren, auch weil meine Großmutter nicht nachweislich jüdisch war und sie deshalb in Deutschland nicht als Jüdin gelesen wurde. Ich gehörte zwar dazu, aber nicht genug. Zum Glück hat die Gemeinde in Lübeck Kinder wie mich akzeptiert. Das war die Blase, in der ich dann sein konnte. Während andere Träger mich nicht akzeptiert haben und ich sehr schroffen Ausschluss erfahren habe mit Worten wie: »Du Goje, wir wollen dich hier nicht haben.« Das hat mich trotziger und stärker gemacht, sodass ich dann mit zwölf den Entschluss gefasst habe: Ich bin jetzt über Bat Mizwa-Alter, das heißt, es ist meine eigene Verantwortung. Und wenn es noch Prüfungen in meinem Leben gibt, wird eine davon sein, dass ich den Giur mache. Dann aber auch den orthodoxen Giur, damit mir keiner nachher was sagen kann. Es war mir klar, es wird lange dauern.

Jetzt, nach vielen Jahren, entstehen endlich Strukturen. Nicht zuletzt dadurch, dass die Rabbiner der Orthodoxen Rabbinerkonferenz, die die Entscheidungsträger sind, diese Erfahrungen von Migration und von unterschiedlichen Hintergründen und von all diesen Konflikten selbst gemacht haben und wissen, wie schwer das ist. Dass die Menschen Unterstützung brauchen, Empowerment, weil es Menschen sind, die jüdische Biografien haben, teilweise jüdisch aufgewachsen sind und deshalb ein ganz anderes Verständnis haben und nicht einfach so konvertieren wollen. Jetzt ist für sie der Moment der größeren Selbstermächtigung, die es damals nicht gab. Für mich bedeutete das tatsächlich, dass ich mit meinem späteren Mann, der auch patrilinear jüdisch ist, nach Berlin gezogen bin, um die sogenannte Statusanerkennung zu bekommen. Giur ist ja Übertritt, aber wir sind schon jüdisch aufgewachsen. Für uns war es, um in die Gemeinschaft vollwertig aufgenommen zu werden.

Nachdem wir nach Deutschland gekommen waren, hatten meine Mutter und ich sofort angefangen, einige Kaschrut-Regeln, also Kosher-Style, einzuhalten. Ich habe dann immer mehr gemacht, habe angefangen, Schabbat zu halten. Manchmal war das leichter, manchmal schwieriger, gerade auch mit nichtjüdischen Freundinnen und Freunden. Aber das war immer mein Weg und der fühlte sich für mich echt an. Gleichzeitig war mir klar, dass das nur meine Perspektive ist und dass es ganz viele Menschen gibt, die sich nicht religiös positionieren wollen. Menschen, die patrilinear jüdisch sind und von der Gemeinschaft null anerkannt, deshalb gezwungen sind, Giur zu machen, um dazuzugehören. Und dass sie sonst ausgeschlossen sind und damit komplett den Bezug zum jüdischen Leben verlieren, weiterhin aber Juden sind. Dagegen habe ich immer gekämpft, schon als Jugendliche und dann in meinem beruflichen Leben, und war dabei auch sehr offen: »Ja, ich bin halachisch nicht jüdisch, ich habe aber eine jüdische Biografie, und du kannst sie mir nicht absprechen.«

Ab einem gewissen Zeitpunkt kam durch meine Taglit-Reise auch die Jewish Agency ins Spiel. Da habe ich das erste Mal gemerkt, dass eine Organisation auch diese Werte lebt – dieses: Du bist toll, unabhängig davon, welche halachische Zugehörigkeit du hast; du bist toll, weil du in deinem Jüdischsein deine Zugehörigkeit zu einer Gemeinschaft anerkennst. Da habe ich mich dann engagiert, bin Jugendleiterin in der Jewish Agengy geworden und habe jahrelang als Volunteer gearbeitet.

Ich habe auf Seminaren der Jewish Agency viel zum Thema Identitäten gearbeitet. Mich viel mit der Frage auseinandergesetzt: Was ist jüdisch für mich? In Workshops Räume geschaffen, damit Menschen sich angeleitet darüber Gedanken machen, auch in Diskussionsrunden. Das habe ich intensiv betrieben und das Jugendzentrum in der Lübecker Gemeinde geleitet, weil wir dort auch 70 Prozent patrilineare Jüdinnen und Juden hatten. Das ist die Realität der jüdischen Gemeinschaft in Deutschland. Es sind 200.000 Kontingentflüchtlinge gekommen, davon sind 100.000 Gemeindemitglieder geworden. Wer sind die restlichen 100.000? Es wird immer gesagt: »Na ja, dann sind die angeheiratet.« Nein, nicht ganz! Erst mal sind es Menschen, die selbst jüdische Biografien hatten, aber nicht Gemeindemitglieder werden konnten, weil sie nicht die Strukturen hatten, um Giur zu machen, oder es auch nicht wollten. Und diese Menschen brauchen Räume, das war mir schon damals klar. Daraus ist mein Engagement mit der Jewish Agency erwachsen, und als wir 2011 nach Berlin gekommen sind, war ich schon selbstbewusst aktiv und hatte meine Vorstellung: Gemeinde ist total wichtig für mich, aber es ist auch wichtig, die jüdischen Räume für alle zu öffnen.

Zu dem Zeitpunkt bin ich ELES-Stipendiatin geworden. Das ist eine Begabtenförderung, aber erst mal müssen deine Noten stimmen und das soziale Engagement und dann gibt es noch ein Auswahlverfahren. Ich habe mich zum Master dafür beworben, sodass ich auf diese Weise meine erste jüdische Gemeinschaft in

Berlin gefunden habe. Gemeinsam mit anderen ELES-Stipendiaten habe ich dann Studentim ins Leben gerufen, eine jüdische Studierendeninitiative, die davor schon mal einen Anlauf zur Gründung hatte und gescheitert ist an der Frage, wer wird Mitglied? Wir haben uns darauf geeinigt, dass sie offen für alle ist, keine Anbindung an die jüdische Gemeinde hat und patrilineare Jüdinnen und Juden inkludiert. Sie ist koscher ohne Ausnahme, damit es für alle gleichermaßen zugänglich ist. Und es werden nicht Themen angesprochen wie: Du bist halachisch, du bist nicht halachisch, du bist observant, du bist nicht observant; sondern Themen, mit denen sich Studierende in Berlin, die sich mit ihrer jüdischen Biografie auseinandersetzen und die Safe Spaces brauchen, identifizieren können.

Als Initiatorinnen von Studentim haben wir uns dann bei Nevatim beworben, ein von der Jewish Agency etabliertes Programm, das für Leute geschaffen wurde, die neu in der Stadt sind, Ideen haben und die schnell umsetzen wollen. Wir haben als Projekt und später auch als Organisation sehr profitiert von diesem Netzwerk und haben dann andere inspiriert, neue Organisationen zu gründen. Für viele waren die antisemitischen Erfahrungen in 2014 ausschlaggebend dafür, aktiv zu sein jenseits von jüdischer Kultusgemeinde. Weil sie gesagt haben, mit dem Kultus haben wir wenig zu tun, aber Jüdischsein ist ein integraler Bestandteil unseres Selbstverständnisses. Und das wird gerade angegriffen, und wir als nicht praktizierende Juden werden angegriffen. Wir müssen was machen. Daraus sind mediale Projekte entstanden, aber auch als Präventionsarbeit die Initiative Rent a Jew *(Vorgängerin der Initiative Meet a Jew, die Verf.)*. Heute bin ich Direktorin des Nevatim-Programmes, das ich auch als Teilnehmerin auf allen Ebenen erlebt habe und das meine Werte und meine Biografie total widerspiegelt.

Was ich übrigens ganz stark empfinde und auch beobachtet habe auf meinem Forschungsweg: Jüdischsein braucht eine Gemeinschaft. Alle Praktiken im Judentum basieren auf der Gemeinde, sei es Gebet, sei es Schabbat als wöchentlicher Feiertag und so weiter. Alles ist Familie, Community. Um deine jüdische Erfahrung zu aktualisieren, brauchst du immer wieder andere Jüdinnen und Juden um dich herum. Judentum ist eine sehr praktische Religion; du musst immer etwas machen, selbst wenn du nicht religiös bist. Aber zur Tradition gehören besondere Akte, und die sind alle an Handlungen geknüpft. Ich habe ja meine Erzählung damit begonnen, dass mein Großvater gesagt hat: »Wir fahren nach Deutschland, um die jüdischen Gemeinden aufzubauen« – ein proaktiver Akt. Die Generation meiner Großeltern hat genau diese Mission sehr ernst genommen. Das wird natürlich an die nächsten Generationen weitergetragen.

Viele Konflikte, die sehr schwer waren in der zweiten Generation, werden jetzt von den jungen Jüdinnen und Juden thematisiert und aufgearbeitet. Sie sind mutiger, über viele Sachen zu sprechen, weil sie emotional und biografisch weiter entfernt sind von dem ursprünglichen Schmerzherd und mit einem anderen Blick darauf diese Traumata ansprechen können. Und auch – jetzt kommen wir zur Gesamtgesellschaft – ein ganz anderes Selbstverständnis von dem Deutschland haben, in dem sie leben. Die zweite Generation hat sich als Juden und nicht als Deutsche verstanden. Jetzt ist der Haupttenor: Wir sind deutsch, wir sind hier aufgewachsen, wir sind tolle Bürgerinnen und Bürger, wir haben das Recht, hier zu sein, hier zu sprechen, und wenn wir in diesem Recht angegriffen werden, dann wehren wir uns. Wir als deutsche Jüdinnen und Juden mit unterschiedlichsten Migrationshintergründen und in unserer Vielfalt sehen uns ermächtigt, in diese Gesellschaft hineinzuwirken – solange sie das zulässt. Und wenn sie es nicht zulässt, dann gehen wir. Diese Selbsterhaltungsmechanismen haben die meisten Jüdinnen und Juden in Deutschland heute, sodass sie sagen: »Okay, wir wissen schon, dass es irgendwann kippen kann. Und wir schauen auf den Zeitpunkt, wann es kippen kann. Aber wir sind selbstverständlich hier und geben nicht so einfach auf.«

© Nancy Ebert

LEONARD KAMINSKI

Geboren am 14. Mai 1987 in Berlin
Sprecher der Werteinitiative jüdisch-deutsche Positionen e.V., Politikberater, Autor
Lebt in Berlin

MEIN JÜDISCHSTER MOMENT?

Es sind zwei. Der eine: Als ich Yom Kippur in Israel verlebt habe. Ich bin nicht religiös, aber wenn plötzlich die Mehrheit der Gesellschaft um dich herum diesen Feiertag feiert und zum ersten Mal in deinem Leben gehörst du zu dieser Mehrheit, dann ist das ein ganz spezielles Gefühl. Der andere: Meine Hochzeit, weil es ein so wichtiger Moment war, wo ich die Liebe zu meiner Frau und hoffentlich die Gründung einer Familie gefeiert habe mit meinen engsten Menschen. Unsere Ketuba, in die wir geschrieben haben, dass wir die Werte des aufgeklärten Judentums als Teil unserer Familie sehen, und unser Bekenntnis zu Israel als jüdischem Staat wurden vorgelesen. Da kam alles Jüdische in diesem sowieso schon emotional aufgeladenen Moment zusammen.

Jüdischsein spielt für mich eine ziemlich große Rolle. Hauptsächlich aus Identitätsgründen, aus einem Selbstverständnis heraus, wer man ist. Und ich bin relativ froh, dass ich es für mich ganz gut geklärt habe, wer ich bin – und zwar ein deutscher Jude. Weniger im religiösen Sinne, wobei ich tatsächlich zu allen Hohen Feiertagen in die Synagoge gehe und wir auch jeden Freitagabend in der erweiterten Familie am Schabbat-Tisch sitzen. Ist für mich relevant und schön, dass man sich trifft, aber vor allem beginnt der Abend mit drei Gebeten: über die Kerzen, über den Wein und über das Brot. Da wird es einem immer wieder vor Augen geführt.

Und dann gibt es natürlich auch eine negative Identifikation. Man wird von der Gesellschaft zu einer jüdischen Person gemacht. Ob es um den Nahost-Konflikt geht oder um Erinnerungskultur und Shoa, es wird viel über das, was die Identität mitprägt, geredet. Dementsprechend identifiziert man sich auch mit dem, was man gespiegelt bekommt.

Mir gibt es ein besonderes Selbstbewusstsein, dass ich mich auch, was viele jüdische Generationen vor mir nicht haben konnten, mit Israel als Staat für die Jüdinnen und Juden identifiziere. Ich sage explizit nicht jüdischer Staat. Das ist ein großer Unterschied, weil ein jüdischer Staat fast ausschließt, dass es auch ein Staat für andere Menschen sein kann. Aber die Existenz Israels ist für mich eine Lebensversicherung. Denn ich bin leider überzeugt davon, auch wenn ich dagegen arbeite, dass man Judenfeindlichkeit aus den Köpfen der Menschen nicht wegbekommt. Sie war eine Zeitlang weniger verbreitet, weniger öffentlich. Ändert sich gerade, man traut sich wieder, mehr zu sagen. Ressentiments sind immer da, Antisemitismus wird nicht verschwinden. Ich bin mir sicher, dass ich noch eine organisierte Verfolgung von Juden auf der Welt sehen werde. Warum sollte gerade ich in den 150 Jahren leben, in denen es nicht passiert, wenn es davor Jahrtausende lang ständig passiert ist. Meiner Frau, die unbedingt konvertieren wollte, meinetwegen hätte sie das nicht machen müssen, habe ich gesagt: »Dir ist schon klar, was für einem Club du da beigetreten bist? Musst du dich schon darauf einstellen, dass du zu deinen Lebzeiten mal Probleme damit hast.« Wir haben gerade das Glück, dass der Staat uns schützt. Es kann schnell mal sein, dass es nicht so ist, dann bewegt man sich in einer Gesellschaft ganz anders. Aber der Fakt, dass es einen Staat für die Juden gibt, der mich inkludiert, gibt mir dieses innere Selbstbewusstsein. Und auch wenn meine Familie es nicht mag, wenn ich in der Öffentlichkeit stehe, sage ich: »Entweder wir leben hier so, dass wir zeigen können, wer wir sind, oder wir leben hier nicht. Es gibt die Wahl.«

Mit dem Jüdischsein beschäftige ich mich auch als Coach bei Meet a Jew. Das sind Botschafterinnen und Botschafter der deutschen Jüdinnen und Juden, die, wenn Bedarf besteht, in die Gesellschaft geschickt werden, als: Hallo, fragt mich, was ihr fragen wollt – ihr habt jetzt mal die Möglichkeit, eine jüdische Person zu sehen. Es wird ständig über Juden gesprochen, aber man sieht sie nie. Um diese Problematik anzugehen, hat der Zentralrat der Juden dieses Projekt ins Leben gerufen, was sowohl nach innen wirkt, weil man damit – hauptsächlich junge – jüdische Menschen mit einem gewissen Selbstbewusstsein ausstattet und ihnen die Möglichkeit gibt, ihre Identität mal nach außen zu zeigen. Und natürlich wirkt es auch nach außen, weil man jüdische Themen Menschen zugänglich macht, die sonst keinen Zugang haben können. Diese Begegnungen finden in den meisten Fällen statt, weil die Sozialkundelehrerin merkt, da ist ein besonderes Interesse, oder der Fußballtrainer merkt, da sind leider ein paar Jungs bei ihm, die Ressentiments haben. Es gibt zum Beispiel eine Kooperation mit dem Lernzentrum des BVB, wo häufig Meet a Jew-Leute zu Besuch sind, um aufzuklären.

Diese Botschafterinnen und Botschafter – ich bin jedes Mal begeistert davon, wie motiviert, intelligent, schlagfertig, wortgewandt und weltoffen die sind – können aber nicht alles wissen. Und dafür, dass sie die Hintergründe verstehen, die Denkmuster, die Narrative, und wissen, wie sie darauf reagieren, bin ich da. Bei zwei der vier Wochenendseminare, die sie in ihrer einjährigen Ausbildung durchlaufen, arbeite ich mit ihnen zu Themen wie israelbezogener Antisemitismus, aber auch zu Antisemitismus in sozialen Medien, und der Problematik, wie in deutschen Medien der Nahost-Konflikt dargestellt wird. Diese Meet a Jewniks werden auch noch in vielen anderen Bereichen gecoacht, um mit dem richtigen Selbstbewusstsein in die Begegnungen reingehen zu können. Es ist ein Super-Projekt.

Ich bin kein Freund davon, dass man als Minderheit dafür verantwortlich ist, die Gesellschaft zu verbessern und sie dafür zu öffnen, Minderheiten zu akzeptieren. Das kann man keiner gesellschaftlichen, religiösen oder ethnischen Minderheit vorschreiben. Aber es ist trotzdem gut, es zu machen. Und das ist ein ganz jüdisches Konzept: Tikkun Olam, also die Verbesserung der Welt. Was ich an diesem Konzept so schön finde, ist – eigentlich sollte es eine Selbstverständlichkeit sein, aber gerade in den traditionellen, monotheistischen Religionen wird oft sehr selbstzentristisch agiert –, dass man sagt: »Wir als jüdische Personen sind für die Verbesserung der gesamten Welt zuständig«. Und dass die jüdische Gemeinschaft das mit Meet a Jew tut, zeigt, dass wir hier eine Rolle spielen möchten. Denn das gesellschaftliche Klima hat sich verändert. Einerseits dahingehend, dass man offener ist, dass man mehr verstanden hat – Teilhabe an der Gesellschaft ist möglich und sinnvoll. Und andererseits sieht man auch eine größere Notwendigkeit, sich einzusetzen, damit man hier gut leben kann.

2015 habe ich, weil ich für die 2. nicht gut genug war, bei TuS Makkabi Berlin die 3. Herrenmannschaft im Fußball gegründet. Der Makkabi Weltverband, damals mit Sitz in Berlin, ist 1921 entstanden als Antwort darauf, dass jüdische Menschen – Männer zu der Zeit – auch gerne Sport organisiert treiben wollten, aber die Turn- und Sportvereine, geprägt durch Turnvater Jahn, sie nicht aufnehmen wollten. Makkabäer sind die jüdischen Freiheitskämpfer aus der Chanukka-Geschichte, die Starken in der jüdischen Folklore, deshalb wurde dieser Name gewählt für diesen eher bürgerlichen Verein, der im Gegensatz stand zu dem Arbeiterverein HaPoel (Der Arbeiter) und dem kommunistischen HaKoach (Die Kraft).

Für mich war Makkabi der natürliche Weg. Ich habe da schon bei der E-Jugend gespielt und fühle mich zu Hause. Unser Team ist nicht nur jüdisch, wir haben auch Muslime. Es geht eher darum, dass jüdische Sportlerinnen und Sportler eine Heimat haben. Das kann auch eine Heimat für andere Menschen sein. Durchmischte Vereine findet man sonst selten. Es gibt muslimisch-arabisch-türkisch geprägte und welche, in denen zumindest optisch eher mitteleuropäisch aussehende Spieler sind. Ob ich mich jetzt als einzelner Jude traue, in so einen Verein zu gehen, ist unwahrscheinlich. Man sammelt sich lieber da, wo man sicher ist. Wir haben tatsächlich auch zwei massive antisemitische Erfahrungen gemacht, und das war Antisemitismus, der aus einer muslimisch geprägten Community kam. Diese Spiele mussten nach Polizeieinsatz abgebrochen werden, und in der Saison haben wir mehrmals unter Polizeischutz gespielt. Das ist nicht normal, natürlich nicht.

Auch nicht, dass man in der Schule Polizeischutz hat. Aber ich bin so aufgewachsen: jüdischer Kindergarten, Vorschule, Grundschule. Dann auf einem Gymnasium, das, dafür dass es nicht das jüdische Gymnasium war, erstaunlich viele jüdische Schülerinnen und Schüler hatte. Es war schon eine Bubble, aber es ging meinen Eltern nie darum, dass ihr Sohn nur jüdische Freundinnen und Freunde haben soll. Sondern eher darum, einen Rahmen zu schaffen, und der Rahmen war dann für mich wohl doch sehr prägend.

Deshalb noch mal zur Identität: Ich habe ein großes Problem damit, wenn deutsche Juden von Juden und Deutschen sprechen. Weil wir uns damit selbst unsere Identität als Deutsche absprechen und uns aus der Gesellschaft katapultieren. Womit ich kein Problem habe, ist, dass Jüdischsein und Deutschsein nebeneinanderstehen können, und zwar nicht das eine als religiöse Selbstbezeichnung und das andere als nationale Selbstbezeichnung. Sondern jüdisch zu sein ist tatsächlich auch – das Wort klingt auf Deutsch leider furchtbar, aber es gibt kein anderes – eine Volkszugehörigkeit. Man redet nicht umsonst vom jüdischen Volk. Es ist eine ethnische Zugehörigkeit. Deswegen sage ich: Ich bin deutsch-jüdisch – und zwar auf gleichem Niveau. Das verstehen viele Menschen in Deutschland nicht und verwenden den Begriff Deutsche jüdischen Glaubens. Es kann sein, dass es Deutsche jüdischen Glaubens gibt, aber es gibt auch deutsche Juden, die überhaupt nicht an Gott glauben und die sind genauso jüdisch oder vielleicht noch jüdischer in ihrer eigenen Sicht.

Was in den USA gang und gäbe ist, sind die so genannten Hyphenated Identities, Bindestrich-Identitäten. Es ist komplett normal zu sagen: »I'm jewish-american«. Das ist in Deutschland noch nicht angekommen, man ist hier entweder deutsch oder nicht – ein gesellschaftliches Problem, das nicht nur jüdische Menschen betrifft. Diese Gesellschaft muss einfach akzeptieren, dass es total in Ordnung ist, dass man deutsch-jüdisch ist. Dass man 100 Prozent deutsch und 100 Prozent jüdisch sein kann.

© Harald Reusmann

RENÉE RÖSKE

Geboren am 28. Oktober 1978 in Köln
Bundesvorsitzende des Arbeitskreises jüdischer Sozialdemokratinnen und Sozialdemokraten (AJS), Referentin für politische Kommunikation bei Evonik Industries AG
Lebt in Berlin

MEIN JÜDISCHSTER MOMENT?

Damals als Teenager – ich war so wahnsinnig engagiert in der jüdischen Jugendbewegung – diese Yom Yerushalayim-Feiern, wo wir alle gemeinsam auf dem Kölner Rathausmarkt Lieder von dem orthodoxen Sänger Avraham Fried gesungen haben und getanzt haben. Weil das alles verbunden hat: die Religion verbunden, die Gesellschaft verbunden, die gemeinsamen Ziele verbunden.

Irgendwann war der Punkt, an dem ich mir gesagt habe, wenn ich möchte, dass die Welt sich ändert, dann muss ich was tun. Ich hasse nichts mehr als Menschen, die den ganzen Tag über Politik moppern und nichts tun. Es ist nicht so, dass einer, der kein Amt hat, nicht das Recht hat, seine Meinung zu äußern. Aber wenn ich möchte, dass sich in der Gesellschaft etwas ändert, muss ich schon selber den ersten Schritt tun und kann das nicht von den anderen verlangen. Es erfüllt einen ja auch, wenn man Sachen bewegt. Manche beziehen ihre Bestätigung aus einem dicken Auto, ich halt aus gesellschaftspolitischem Engagement. Ich habe Politik studiert und bin im Bundesvorstand des Arbeitskreises jüdischer Sozialdemokratinnen und Sozialdemokraten und auch Landesvorsitzende Berlin Brandenburg.

Die SPD war die erste deutsche Partei in neueren Zeiten, die 2007 einen jüdischen Arbeitskreis auf Bundesebene gegründet hat. Es ist eine Partei-Institution von Leuten, die entweder in der SPD sind oder ihr nahestehen und die jüdisch sind, allerdings nicht halachisch, also Vater oder Mutter jüdisch. Natürlich machen wir es nicht wie die Rabbiner und verlangen darüber einen Nachweis. Aber tatsächlich interviewen wir die Leute. Wir sind das Bindeglied zwischen der SPD und der jüdischen Community, wirken in die SPD hinein mit jüdischen Themen, aber wir werben auch innerhalb der jüdischen Community für die Partei und ihre Positionen. Ja, und manchmal werben wir auch für Verständnis einzelner SPD-Politiker, die Aussagen tätigen, die vielleicht überdacht werden sollten. Intern gibt es dann Vier- oder Sechs-Augen-Gespräche, die sehr direkt sind. Nichtsdestotrotz muss man natürlich auch öffentlich kritisieren können, wenn zum Beispiel durch das Bundesfamilienministerium palästinensische Organisationen gefördert werden, die die Existenz Israels infrage stellen. Meistens geht es nicht um antisemitische Aussagen, es geht viel um die Unterstützung von BDS, also der Bewegung, die Waren aus den sogenannten besetzten Gebieten boykottieren will, aber eigentlich ein »Kauft nicht bei Juden!« ist. Wir sehen uns da oft als Korrektiv in Sachen Existenzfrage Israels und Aufklärungsarbeit zu Israel, weil es Gruppen in der SPD gibt, die sich nicht mit der Situation auseinandersetzen. Ich möchte mir nicht immer noch anhören müssen, dass Israel ein Apartheidstaat ist. Ein Land, wo arabische Parteien in der Regierung sind und Araberinnen und Araber – wohlgemerkt arabische Staatsbürger des Staates Israel, nicht Palästinenser, die keine Staatsbürger sind – die gleichen Rechte haben wie jeder. Ein Apartheidstaat ist etwas komplett anderes.

Ich bin klassisch in jüdischen Institutionen groß geworden. Wir sind deutsche Juden, von denen es ja nicht mehr so viele gibt. Meine Mutter ist jüdisch, mein Vater nicht, zu Hause spielte Religion nicht so eine Rolle. Aber obwohl meine Mutter ein zwiegespaltenes Verhältnis zur jüdischen Community hatte, war es ihr wichtig, dass ich alles mitkriege in der Gemeinde. Ich habe einmal in der Woche Religionsunterricht gehabt, und es war vollkommen klar, dass ich eine Bat Mizwa mache. Und dass ich bis dahin jeden Sonntag ins jüdische Jugendzentrum gehen muss. Und als ich in die Pubertät kam, war ich auch weiterhin im Religionsunterricht und in der Jugendarbeit – in diesem Hype, der wie eine Jugendbewegung war. Das war dann meiner Mutter nicht mehr so recht, weil sie meinte, ich sollte besser ein bisschen was für die Schule tun statt für das Jugendzentrum. Aber da bin ich sowohl in die Religion als auch in die Community reingewachsen und somit in meine jüdische Identität.

Dennoch habe ich auch viele Dinge von meiner Mutter mitgekriegt. Ich bin zwar mit Schweinefleisch groß geworden und mit Meeresfrüchten, aber trotzdem hat sie nie an Yom Kippur gearbeitet, obwohl sie später auch dafür Urlaub nehmen musste. Ich glaube, sie hatte, was meine jüdische Erziehung betraf, mit meinem Vater ein Agreement. Oder vielleicht war das auch ein Thema, das sie nie miteinander besprochen haben. Zum Konflikt kam es allerdings, als ich die Religion ernster nahm, wofür er gar kein Verständnis hatte. Er ist total anti Religion. Es gab viele, viele Vater-Tochter-Diskussionen und die haben eher dazu geführt, dass ich noch klarer in meiner jüdischen Identität wurde. Auch später noch, als ich schon in Berlin wohnte, gab es unschöne Diskussionen mit meinem Vater darüber, dass er bei mir zu Hause kein Schweinefleisch essen darf. Am Ende hat er es akzeptiert. Wenn wir essen gehen, isst er da sein Schwein, das ist mir total egal. Ich möchte es nur nicht in der Wohnung haben.

Ich bin auch nicht so religiös, um Gottes Willen. Aber ich bin nicht eine Drei-Tage-Jüdin, die nur an den Hohen Feiertagen in die Synagoge geht, um ihr Kleid auszuführen. Sondern ich gehe tatsächlich in eine kleinere Synagoge, damit ich in Ruhe beten kann. Ich halte Pessach relativ strikt, ich faste an Yom Kippur. Verglichen mit atheistischen deutschen Freunden ist es viel, was ich mache. Verglichen mit modern-orthodox Juden ist das natürlich ein Witz. Aber ich habe Rosh HaShana und Yom Kippur frei, komme was wolle. Das war auch schon in Jobs ein Problem, und ich habe mich jedes Mal für die Religion entschieden. Ich hätte dafür auch eine Kündigung in Kauf genommen.

In meinem jetzigen Job wissen es alle. Es gibt ja beim Zentralrat der Juden dieses Format Meet a Jew, das habe ich bei meinem

Arbeitgeber Evonik mittlerweile schon dreimal durchgeführt, auch mit unserer Abteilung. Und ich glaube, das Verständnis ist jetzt ein anderes, warum ich denn diese drei (Feier-)Tage schon am Anfang des Jahres eintrage und auch mit niemanden abstimme. Leute, die mit mir seit sechs Jahren zusammenarbeiten, haben auf einmal Fragen gestellt, wo ich dachte: Warum haben die mich das vorher nicht gefragt? Wahrscheinlich weil die Hürde zu groß war. Die meisten Leute kennen ja keine Jüdinnen oder Juden. Oder wenn sie Jüdinnen oder Juden kennen, dann aus dem Fernsehen. Aber eine jüdische Kollegin, das ist schon etwas Neues. Ich repräsentiere eben auch nicht jüdische Menschen, die man so vor Augen hat – Bibi Netanjahu oder Michel Friedman etwa. Und in so einer kleinen Meet a Jew-Runde, da bewegt sich ja auch was bei den Leuten, die sonst Hemmungen haben, ihre *andersartige* Kollegin etwas zu fragen. Was übrigens auch bei muslimischen Kollegen so ist. Das deutsche Naturell ist eben nicht, irgendwelche intimen Fragen zu stellen. In Israel ist das komplett anders. Da fragt dich jeder auf der Straße, ob du deine Eier hast einfrieren lassen oder warum du nur drei und keine vier Kinder hast.

Natürlich gibt es aber auch hier Sprüche, die mich nerven. Dieses »Du siehst gar nicht so aus«, also jüdisch, das habe ich schon hundertmal gehört. Es ist nicht beleidigend, eher unwissend. Weil man eben aus den Nachrichten nur Jüdinnen und Juden kennt, die Israelis sind. Die Deutschen sind bildungsfern, weil die Öffentlich-Rechtlichen Jüdinnen und Juden nur darstellen im Zusammenhang mit dem Holocaust. Selbst wenn sie in Krimis sind, muss auf jeden Fall Holocaust dabei sein. Oder Antisemitismus. Und unbedingt eine Kippa, weil sie ja alle megareligiös sind. Aber in allen diesen Filmen gibt es keinen deutsch aussehenden Juden. Man muss natürlich fairerweise dazu sagen, die deutschen Juden sind auch alle ausgemerzt worden. Es gibt schon blonde russische Juden, also Kontingentflüchtlinge, aber sichtbar sind dunkelhaarige und dunkelhäutige. Oder Orthodoxe, da gibt es auch nicht so viele Blonde. So eine Bemerkung ist also ein bisschen Unwissenheit, aber es ist auch ein: Du siehst ja so deutsch-arisch aus.

Was mich allerdings richtig nervt, ist, wenn Leute sagen: »Meine Tante war auch Halbjüdin.« Das ist offensichtlich eine Sozialisationssache, bei den Kontingentflüchtlingen ist das weitverbreitet. Dann sage ich immer: »Entweder ist man jüdisch oder nicht, das andere sind die Nazi-Gesetze. Die Einzigen, die uns eingeteilt haben in Halb, Viertel, Achtel, das sind die Nazis.« Diese Einteilung gibt es nicht, und dass sie sich so in den Köpfen manifestiert hat, das ist etwas, was mich wütend macht.

Ähnlich wie alle möglichen undifferenzierten Aussagen zum Nahost-Konflikt, wo ich mir denke: Warst du mal da? Hast du dich dort mal unterhalten? Ich frage dann immer: »Hast du mal in einem Bus gesessen und Angst um dein Leben gehabt? Ich meine nicht so, du als Frau bist im Parkhaus abends und hörst Geräusche. Ich meine Angst, wirklich Angst um dein Leben. Ich habe die zweimal empfunden und ich kann sagen, das ist eine ganz andere Angst. Wenn du die noch nicht gespürt hast, ist es sehr leicht, dir ein Urteil zu erlauben.« Ich erinnere mich sehr gut, wie das war. Ich habe zwei Monate einen Sprachkurs in Israel gemacht, und damals waren viele Bombenanschläge. Ich saß in einem Bus und mir schräg gegenüber ein arabisch aussehender junger Mann, der einen Rucksack auf dem Schoß hatte und ganz nervös an sich und an dem Rucksack rumfummelte und die ganze Zeit um sich guckte. Mag sein, dass er einfach nervös war. Aber ich hatte richtig Angst. Bin auch ausgestiegen. Und dann, beim vorletzten Israel-Besuch, bin ich mit dem Bus aus Jerusalem nach Tel Aviv gefahren, der auf der Strecke nicht anhält, und hinter mir saß eine ältere arabische Dame. Sie hatte einen relativ dicken Bauch und trug ein T-Shirt, das sich so wellte, als ob etwas darunter wäre. Ich habe die ganze Zeit panisch hingestarrt. Man fährt 40 Minuten – das waren die längsten 40 Minuten meines Lebens.

Weil ich meistens einen Davidstern trage, gibt es nur selten den Punkt, an dem Leute überrascht sagen: »Ah, du bist jüdisch.« Aber es passiert schon, dass wir Social Media-Freunde werden, und wenn mein Profil gesehen wurde, keine Freunde mehr sind. Ich tanze einen afrikanischen Paartanz, Kizomba. Kommt ursprünglich aus Angola und ist sehr traditionell in Portugal, weil da viele Angolaner leben, aber hier nicht ganz so traditionell, sodass auch die deutsche Hüfte gut mitkann. Das Epizentrum ist in Paris, und gerade die Pariser Szene ist sehr nordafrikanisch. Unter der schwarzen Community ist eine hohe Rate an Musliminnen und Muslimen und da ist ja oft eine große Solidarität mit der palästinensischen Seite. Ich bin natürlich auch mit einigen auf Facebook befreundet, mit denen ich dann irgendwann nicht mehr befreundet bin. Ich glaube, es ist dann bei den Leuten eher so was wie Verwunderung.

Was nicht heißt, dass mir hier nicht Antisemitismus begegnet. Im Gegenteil, in den sozialen Medien in regelmäßigen Abständen, weil da ja jeder heute hinrotzen darf, was er möchte. Als ich groß geworden bin, gab es zu Yom Yerushalayim immer

Straßenfeste, wo wir Israel-Logos und Israel-T-Shirts hatten. Köln, Düsseldorf und auch Berlin. Das wäre heute nicht mehr möglich, weil unsere Sicherheit nicht gewährleistet werden könnte. Früher bin ich mit einem Israel-T-Shirt überall herumgelaufen. Das würde ich heute nicht mehr. Und wenn ich mich mit Freundinnen und Freunden in Neukölln treffe, trage ich keinen Davidstern.

Für mich hat sich die Lage verändert durch die angemessene Kritik an Israel, wie man das so oder ähnlich nennt. Es ist so ein Konglomerat, ich erfahre auch viel Positives und Rückhalt. Aber tatsächlich habe ich das erste Mal darüber nachgedacht, ob ich bleibe, als die AfD in den Bundestag gewählt wurde. Und auch im Mai 2021 habe ich darüber nachgedacht, wann der Punkt ist zu gehen. Wann war der Punkt, den meine Familie verpasst hat? Ich möchte nicht wie meine Familie enden und zu spät gehen. Es war eine schwierige Zeit, der Mob stand vor den Synagogen in Deutschland und hat geschrien: »Tod den Juden!« Die meinten mich, das war nicht irgendetwas Fiktives. Die meinten schon mich. »Tod den Juden!« – und die Gesellschaft hat's nicht gejuckt. Das ist ja eine Sache, dass es solche Leute gibt. Aber dass es der Gesellschaft so scheißegal war ...

Wenn ich damals einen Job in Israel bekommen hätte, dann wäre ich dorthin gegangen. Das ist meine Sicherheit, das ist meine Heimstätte. Und das ist etwas, was ich vor zehn Jahren so nicht gesagt hätte. Ich war ja nach dem Abitur in Israel. Da habe ich schon gesehen, ich bin so gar nicht orientalisch. Im Gegenteil, ich habe immer gesagt: »Ich bin so deutsch, ich bleibe, das ist hier meine Heimat.« Das sage ich auch weiterhin. Denn noch ist die Gesellschaft so, dass die Jüdinnen und Juden hier sicher sind.

Allerdings nicht in allen Ecken Deutschlands, das muss man ganz klar so sagen. Aber: Ich bin eine blonde, sehr deutsch aussehende Frau, und solange ich keinen Davidstern trage, ist es einfacher. Was schlimm genug ist.

© Jan Feldmann

MONTY OTT

Geboren am 18. Juni 1991 in Hannover
Publizist, Politik- und Religionswissenschaftler, Doktorand (Queere jüdische Theologie)
Lebt in Berlin

MEIN JÜDISCHSTER MOMENT?

Wenn ich mit anderen Jüdinnen und Juden zusammen bin und erlebe, wie unterschiedlich ihr Jüdischsein von meinem ist.

Für meine Dissertation habe ich begonnen zu erkunden, welche Dynamiken zwischen queer und jüdisch in der jüdischen Theologie bestehen. Schnell habe ich gemerkt, dass in dem Bereich tatsächlich bisher nicht viel geforscht wurde. Es gibt einige sehr gute und wichtige Arbeiten, aber im Vergleich zu den USA ist das alles noch in den Kinderschuhen. Ich hatte schon meine Masterarbeit dazu geschrieben und wollte mit der Dissertation dazu beitragen, dass dieses Feld in Zukunft mehr bearbeitet wird. Dafür habe ich mich auch damit auseinandergesetzt, wo sich in der Tradition schon queer-jüdische Ansätze finden und wo man noch innovative Ansätze schaffen könnte.

In Deutschland ist es allerdings schon dann innovativ, wenn man Judentum nicht als archaisch-religiös begreift, so wie ein Teil der Gesellschaft das Judentum sieht, sondern als eine lebendige Religion, die in einem ständigen Dialog der Tradition mit der Moderne steht und dabei progressiv ist in ihrem Offenbarungsverständnis, sich also weiterentwickelt durch Diskussion und Austausch. Das bedeutet eine Auseinandersetzung mit traditionellen Auffassungen, was das Thema Queerness betrifft, und mit unserem heutigen Umgang damit. Also mit dem Text ringen und dabei einen Weg finden, durch den sich queere Jüdinnen und Juden auch im Gemeindekontext einbezogen fühlen – das natürlich nicht nur im Bereich des liberalen konservativen Judentums, wo es schon starke theologische Inklusion gibt. Es bedeutet auch, bei strengerer Auslegung von Texten, die traditionell so aufgefasst werden, dass sie vermeintlich gleichgeschlechtlichen beziehungsweise männlichen Verkehr verbieten, neue Perspektiven zu finden, die ebenfalls im Text angelegt sind.

In der Thora haben wir den Satz »Wenn ein Manne bei einem Manne liegt wie bei einer Frau, so ist das ein Gräuel«. Was heißt das? Es gibt viele Auslegungen. Einige Rabbinerinnen und Rabbiner haben die Position bezogen, dass ein Mann nicht bei einem Mann liegen kann wie bei einer Frau, denn das ist ja beim Geschlechtsverkehr ein ganz anderer Prozess. Manche sehen hierin eine kritische Position zu Machtverhältnissen, die auch Sexualität und zwischenmenschliche Beziehungen betreffen. Andere sagen, es sei eher etwas Technisches. Manche meinen, es gebe gar keine Homosexualität. Diese Auffassung: Das existiert nicht, oder: Das sollte nicht existieren, ist dann eher im strengen ultraorthodoxen Bereich. Dort gibt es auch die Auffassung, dass, wenn gleichgeschlechtlicher Geschlechtsverkehr stattfinde, es jedes Mal als ein Sich-Auflehnen gegen Gott zu sehen sei.

Eine andere Perspektive ist, dass dieser Satz sich darauf bezieht, dass er sich gegen Beziehungen wendet, die keine Liebesbeziehungen sind. Er verbiete, dass ein Mensch ausgenutzt wird. »Wenn ein Manne bei einem Manne liegt wie bei einer Frau ...« kann aber auch bedeuten, dass der Mann eigentlich mit einer Frau zusammen sein möchte, was in diesem Augenblick allerdings durch äußere Umstände wie Militär- oder Gefängniszeit nicht möglich ist. Oder dass eine Machtsituation, ein Machtgefälle herrscht, dass beispielsweise ein Mensch, über den Macht ausgeübt wird, zu einem Objekt gemacht wird, um die eigenen sexuellen Triebe zu befriedigen.

Das sind Ansätze, über die heftig gestritten wird. Und dabei haben wir uns noch nicht damit beschäftigt, wie die Perspektiven zu weiblicher Homosexualität oder trans oder inter sind. Hetero-normative Perspektiven sind ebenfalls weitverbreitet: So wird auch das erste Gebot – »Liebet und mehret euch« – manchmal verstanden. Aber das ist eine sehr traditionelle Auffassung, steht im Konflikt zu eher progressiven Auffassungen, in denen die vielfältigen Auslegungen des Wortes mehren betont werden.

Gegen Gebote zu verstoßen bedeutet also, sich gegen Gott aufzulehnen. Aber gleichermaßen kann man natürlich sagen, viele Menschen halten auch andere Gebote nicht ein, während sie sich bei diesem Gebot sehr streng verhalten. Das liegt daran, dass die Perspektiven darauf auch durch die Gesellschaften beeinflusst werden, in denen Jüdinnen und Juden gelebt haben, und auch heute Teil einer nichtjüdischen Gesellschaft sind, in der es weiterhin eine ablehnende Haltung zur Queerness gibt. Dementsprechend ist es naheliegend, dass auch Jüdinnen und Juden – meines Erachtens nicht die Mehrheit – queerfeindliche Einstellungen haben. Das betrifft männliche und weibliche Homosexualität genauso wie trans oder inter.

Aber das Wichtige sind gar nicht diese konkreten Debatten. Wir reden erst mal darüber, aufzuzeigen, dass es queere Jüdinnen und Juden in Deutschland gibt. Die existieren, die sind da – und die Gesellschaft kann damit nicht umgehen. Denn es geht immer nur darum, dass Jüdinnen und Juden als Opfer von Antisemitismus wahrgenommen werden und im Zusammenhang mit Israel und der Shoa. Da bleibt kein Platz für Queerness. Und auch wenn wir uns Jüdinnen und Juden in der medialen Repräsentation anschauen, werden sie häufig als streng religiös gezeigt: Sie werden als archaisch gekennzeichnet, indem jüdische Tradition und Rituale abwertend dargestellt werden – wie etwa in der Beschneidungsdebatte 2012 deutlich wurde. Wie soll das dazu passen, dass sie auch queer sind?

Ich selbst bin queer und wusste lange nicht, wohin mit mir. Mit wem spreche ich darüber, was es bedeutet, queer und jüdisch zu sein? Wer kann mir vielleicht mit ähnlichen Erfahrungen helfen? Wo ist dieser Ort, wo man unbeschwert beides sein kann, ohne sich in eine Schublade stecken zu müssen? Das sollte Keshet sein, das 2018 gegründet wurde. Heute bin ich nicht mehr im Vorstand, denn der sollte den gesamten Verein widerspiegeln und sich ständig erneuern. Da ich cis-männlich und bi bin, dachte ich, es wäre Zeit für andere Personen. In meiner Zeit konnte ich vielleicht ein bisschen mehr Sichtbarkeit für bi schaffen.

Weiterhin bin ich für den Verein tätig und mache viel Bildungsarbeit. Denn Keshet basiert auf drei Säulen. Als Allererstes geht es darum, psycho-soziale Unterstützung zu leisten. Dabei arbeiten wir mit den großen jüdischen Institutionen wie dem Zentralrat der Juden und der Zentralwohlfahrtsstelle. Die zweite Säule ist innerjüdische Aufklärung, also in die jüdischen Communities hineinwirken und dort für das Thema sensibilisieren. Und die dritte Säule ist die gesamtgesellschaftliche Aufklärung: Vorträge darüber halten, was es bedeutet, welche Formen der Diskriminierung es gibt, wie sie miteinander verbunden sind. Ich habe dabei die Hoffnung, dass ich in einen Raum hineingehe und dort nur eine Person motiviere, die sich dafür einsetzt und zum Multiplikator wird. Es gibt diesen Spruch aus dem babylonischen Talmud: »Wer nur ein Leben rettet, das ist, als hätte er die ganze Welt gerettet.« Und das ist es, woran es mich erinnert: Wenn ich nur einen Menschen erreiche, dann kann das vielleicht der Impuls sein, dass diese Person ihren Blick auf die Welt ändert. Wenn ich das schaffe, dann bin ich glücklich und zufrieden.

© Viktoria Sisin

SHARON SULIMAN – >SHARON<

Geboren am 14. September 1997 in Pforzheim
Rapperin
Lebt in Pforzheim

MEIN JÜDISCHSTER MOMENT?

Wenn ich an Festen wie Simchat Thora mit allen in der Synagoge stehe und wir singen und holen die Thora-Rollen aus dem Schrank, an deren Inhalt wir uns schon seit Tausenden von Jahren halten. Wenn man dann bedenkt, dass wir gejagt wurden für unsere Religion oder sie nicht ausüben durften und das heimlich machen mussten – aber wir sind immer noch da und stehen in einer Synagoge in Deutschland und feiern.

Auf jeden Fall wollte ich eine Bat Mizwa haben. Ich glaube sogar, ich habe es ein bisschen ernster genommen als alle um mich herum. Es war mir total wichtig, dass alles schön abläuft. Wir haben in Israel gefeiert – meine Eltern sind Israelis, die vor mehr als 40 Jahren nach Deutschland gegangen sind, und sie haben alle dazu eingeladen. Meine Familie ist riesig und auf der ganzen Welt verteilt. Es waren an diesem Abend so viele Menschen da, dass ich sie kaum alle wahrnehmen konnte. Später habe ich dann in Pforzheim in der Gemeinde noch mal eine kleinere Bat Mizwa bekommen, wo ich meine Freundinnen einladen konnte.

Jüdischsein ist für mich ein Teil meiner Identität. Dazu gehören auch viele Traditionen, die mich gewisse Werte gelehrt haben wie »Ehre deinen Vater und deine Mutter«. Diese Standardgebote, die sind mir schon ziemlich wichtig, und das wurde mir auch mitgegeben von meinen Eltern. Irgendwo bedeutet Jüdischsein auch Zusammenhalt für mich. Ich merke es immer wieder, wenn es einen Krieg gibt und Israel involviert ist. Dann weiß ich, ich bin nicht allein, meine Community gibt mir Halt, denn man kriegt ziemlich viel Hate ab in solchen Momenten. Ich bin oft auf Instagram unterwegs und habe das Gefühl, 80 Prozent im Internet hassen mich dann.

Ich versuche, es nicht persönlich zu nehmen. Wenn es aber Leute sind, die ich kenne, dann frage ich mich, warum tust du mir das an? Es ist immer gut, über schwierige Themen zu sprechen. Aber schlimm ist, falsche Informationen zu verbreiten. Und gerade wenn die Hater unserer Community so viele sind, viel mehr als wir, ist es, wie gegen Windmühlen zu kämpfen. Man kommt gar nicht dagegen an. Das sind dann meistens Profile, wo du nicht weißt, wer dahintersteckt. Ich habe zu der Zeit irgendeine Story gepostet, dass auf beiden Seiten Menschen leiden. Allein dafür bekam ich Nachrichten von Leuten, die mir nicht mal folgen und die sich auch anonym halten, Sachen wie: »We are going to find you, we are looking for people like you.« Wenn ich das erzähle, läuft es mir den Rücken runter. Ich weiß ja nicht, wer diese Person ist, vielleicht kennt sie mich ja, vielleicht findet sie mich ja wirklich. Vielleicht will sie mir auch nur Angst machen. Hat auf jeden Fall kurz funktioniert.

In der Öffentlichkeit zu stehen als jüdische Person, darüber habe ich mir überhaupt keine Gedanken gemacht, als ich anfing. Mir ist auch nicht aufgefallen, dass es kaum jüdische Acts gibt, die erfolgreich sind. Auch dass ich vielleicht als Frau benachteiligt werde oder mich mit Themen auseinandersetzen muss, die unangenehm sind oder die für mich nie wirklich Thema waren, wusste ich vorher nicht. Ich wusste nur, ich möchte Musik machen.

In der zehnten Klasse bin ich mit einem Schüleraustausch in Indien gewesen. Ich kam zurück, und zwei Tage später starb meine Oma. Mir ging es nicht gut, ich hatte Denguefieber. Dann starb mein Opa. Alles innerhalb von einem Jahr, das war ziemlich traumatisch. In der zwölften Klasse habe ich schließlich die Schule abgebrochen, um mich um meine Genesung zu kümmern. Und dazu gehörte auch die Musik. Schon als Kind habe ich Gedichte geschrieben und mit zwölf, dreizehn angefangen zu rappen. Später habe ich die Gedichte in Lyrics umgewandelt, also Rap-/Songtexte. Wenn allerdings die Tochter sagt, sie möchte die Schule abbrechen so kurz vor dem Abi, ist das nicht die beste Nachricht für Eltern. Aber sie haben mich wirklich fliegen lassen, vielleicht nicht immer gleich mit voller Überzeugung. Aber sie haben mir vertraut. Das war gut.

Vorher war ich schon bei der Jewrovision, mit vierzehn das erste Mal und das war auch der erste Rap-Auftritt. Insgesamt viermal habe ich da mitgemacht. Bei einem Auftritt ist die Musik ausgegangen, aber ich habe einfach weitergerappt. Man lernt zu improvisieren und das gibt einem das Selbstbewusstsein, einfach drauflos zu rappen oder Contests anzunehmen. Und da merkt man schon, die Jungens gucken einen so an, als wäre man die Freundin von jemandem. Dann gehe ich auf die Bühne und sie sehen, die macht das gut, die zieht das durch. Dann erst nehmen sie mich überhaupt wahr. Bei diesen Rap-Contests war ich meist die einzige Frau.

Es ist schwieriger in der Szene für Frauen. Ich habe mal jemandem erzählt: »Ich bin Rapperin.« Der hat gelacht und gesagt: »Das glaube ich nicht, dazu müsstest du doch mindestens fünf Jahre im Knast verbracht haben. Du bist doch viel zu freundlich.« Da merkt man, was für Vorurteile es gibt. Das ist so schade. Rap diente als Sprachrohr einer unterdrückten Bevölkerung, der schwarzen Bevölkerung. Frauenfeindliche Texte hörte man vielleicht auch, nur war das keines der großen Themen im Hip Hop. Auch in Deutschland gibt es mehr Themen als Frauenfeindlichkeit, Rap ist facettenreich. Genauso wie es diesen Battle Rap oder Gangsta Rap gibt, gibt es auch Conscious Rap, das ist dann politisch. Es gibt feministischen Rap, es gibt ziemlich alles. Ich suche mir halt den Bereich aus, wo ich stattfinden kann und möchte. Anfangs konnte ich das nicht immer, ich musste erst mal bekannter werden. Wenn ich jetzt gebucht werde, sind es feministische Events oder welche, wo es wirklich um Hip Hop geht, in einem Club oder einer Bar oder als Vorband von jemandem. Es kann aber auch das Jüdische Museum sein. Auch eigene Konzerte oder Festivals sind mittlerweile dabei.

Dass ich jüdisch bin, daraus habe ich nie ein Thema gemacht. Ich bin, wer ich bin – darauf kann ich stolz sein, haben mir meine Eltern beigebracht. Und wenn mir einer blöd kommen will, dann kann er es ja versuchen, aber mich kriegt er nicht klein. Mir ist wichtig, dass ich aufgrund meines Glaubens Mesusot zu Hause habe. Weil ich finde, ich habe eine Daseinsberechtigung, ihr könnt mir die nicht nehmen. Bei meiner Kette mit dem Davidstern ist es genauso, nur dass ich dabei auch die Sichtbarkeit gut finde. Ich trage sie ganz offen, weil ich irgendwann dachte, vielleicht haben die Leute Berührungsangst und Vorurteile. Wenn aber Menschen, die mich nicht kennen und mich vielleicht als das kleine süße Mädchen von nebenan sehen, merken, ich bin jüdisch und ganz normal, dann ist das gut. Auch wenn sie sich nicht trauen, Fragen zu stellen. Oder was Taktloses sagen, wie meine damals beste Freundin: »Ich finde es voll hart, Jude zu sagen.« Ich: »Was ist daran hart? Christ sein ist nicht hart? Oder Moslem, Buddhist – das ist okay? Aber Jude ist ein Schimpfwort, oder wie ist das in deinem Kopf gespeichert?« Es sind solche Sachen, die einen dazu bringen, irgendwann zu sagen: »Ja, ich bin jüdisch. Habt ihr es jetzt alle verstanden? Können wir dann weitermachen mit unserem Alltag?«

Ich finde es übrigens seltsam, wenn ich als deutsche Rapperin bezeichnet werde. Ich sehe mich nicht als Deutsche, sondern als Israelin. Mein Pass ist israelisch und meine Eltern sind israelisch und so bin ich aufgewachsen. Ich habe einen Bezug zu meinen Wurzeln, Israel ist meine Heimat. Wenn ich dort bin, dann fühle ich mich auch 100 Prozent dazugehörig. Wenn ich hier bin, fühle ich mich nicht 100 Prozent dazugehörig. Ich fühle mich eher wie jemand, der hier einfach wohnt. Es ist ein Zuhause, aber es ist nicht die Heimat.

Glossar

Abba: hebräisch für Papa

Abraham Geiger Kolleg: erstes nach der Shoa gegründetes Rabbinerseminar, das 2001 den Lehrbetrieb in Potsdam aufnahm; benannt nach einem der wichtigsten Vertreter des liberalen Judentums; Mitglied der World Union for Progressive Judaism

Israelitische Synagogen-Gemeinde **Adass Jisroel** zu Berlin: 1869 gegründete orthodoxe Gemeinde, die nach ihrer Zerschlagung 1939 seit 1989 wieder neben der bereits existierenden reform-orientierten Jüdischen Gemeinde zu Berlin besteht

Aliyah: hebräisch für Aufstieg; Einwanderung (Aliyah machen) eines einzelnen Juden oder auch einer Gruppe nach Palästina beziehungsweise Israel

Amidah: Achtzehnbittengebet oder Achtzehngebet; Hauptgebet des jüdischen Gottesdienstes, das im Stehen rezitiert wird

Aschkenase (Pl. Ashkenasim): ehemals in Mittel-, Nord- und Osteuropa ansässiger Jude, der sich in seiner Tradition der Religionsausübung von dem Sepharden (s.u.) unterscheidet

Barenboim-Said Akademie: seit 2016 bestehende Musikhochschule in Berlin für Studierende aus dem Nahen Osten; benannt nach dem Dirigenten und Pianisten Daniel Barenboim und dem Autor und Literaturkritiker Edward W. Said, die das West-Eastern Divan Orchestra (s.u.) gründeten

Bar Mizwa/Bat Mizwa: hebräisch für Sohn des Gebotes (oder Gesetzes), Tochter des Gebotes (Gesetzes); Bezeichnung sowohl für den Status als auch für die Zeremonie, mit der jüdische Jungen am Schabbat (s.u.) nach ihrem dreizehnten Geburtstag und jüdische Mädchen nach ihrem zwölften Geburtstag religionsmündig und somit vollwertiges Mitglied der Gemeinde werden

BDS – Boycott, Divestment and Sanctions: 2005 gegründeter Zusammenschluss von 171 palästinensischen Organisationen, die ihre Forderungen – Besatzung des arabischen Landes beenden, Sperranlage abreißen, jüdische Siedlungen im Westjordanland aufgeben, Selbstbestimmungsrecht der Palästinenser anerkennen und ihnen und ihren Nachkommen das Rückkehrrecht zugestehen – durchsetzen wollen, indem sie Regierungen, Unternehmen und Künstler weltweit aufrufen, Israel politisch, wirtschaftlich und kulturell zu isolieren

Benschen: Segensspruch bei der Mahlzeit sprechen

Beth Din: Rabbinats-Gericht; hohes jüdisches Gericht

Bima: Podium in der Synagoge (s.u.), auf dem das Pult für die Verlesung der Thora (s.u.) steht

Bis 120: Geburtstagswunsch für ein langes Leben (laut der Thora, s.u., wurde Moses 120 Jahre alt)

B'nai B'rith: hebräisch für Söhne des Bundes; 1843 in New York als geheime Loge von deutsch-jüdischen Einwanderern gegründet, ist sie heute, nach eigenen Angaben, eine der größten jüdischen Vereinigungen weltweit; zu ihren Aufgaben zählen Wohltätigkeit sowie Aufklärung über das Judentum

Bnei Brak: 1924 von polnischen ultraorthodoxen Juden gegründete Stadt im Nordosten von Tel Aviv mit auch heute überwiegend ultraorthodoxen Einwohnern

Bracha: hebräisch (jiddisch Broche) für Dank- oder Segensspruch

Brit Mila: Beschneidung eines jüdischen Jungen, die am achten Tag nach der Geburt von einem Mohel (s.u.) durchgeführt wird; eines der bedeutendsten Gebote des Judentums und laut Thora (s.u.) das Zeichen des Bundes, den Gott mit Abraham geschlossen hat

Chabad Lubawitsch: aus dem Chassidismus (s.u.) hervorgegangene Strömung innerhalb des Judentums; Chabad ist im Hebräischen ein Akronym für Weisheit, Verstehen und Wissen, Lubawitsch steht für den weißrussischen Ort, in dem die Gruppierung ursprünglich beheimatet war; heute liegt der Hauptsitz in New York

Chag sameach: hebräisch für Frohes Fest; als Gruß angewendet bei Feiertagen

Chai: hebräisch für Leben; steht für die Bedeutung und den Schutz des Lebens; findet sich in den Begriffen Am Israel Chai (Das Volk Israel lebt) und L'Chaim (s.u., Auf das Leben) und wird als aus zwei Buchstaben zusammengesetztes Symbol auch als Schmuckstück getragen

Challa/Challe (Pl. Challot): geflochtenes Weizenbrot, das am Schabbat (s.u.) und an den Feiertagen gegessen wird

Chamez: Lebensmittel, die Weizen, Gerste, Roggen, Dinkel oder Hafer enthalten und somit zu Sauerteig verarbeitet werden können; vor Pessach (s.u.) müssen sämtliche infrage kommenden Nahrungsmittel aus dem Haus entfernt werden; der Brauch erinnert an den überstürzten Auszug der Israeliten aus Ägypten, der nur Zeit ließ für das Backen ungesäuerten Brotes (Mazze, s.u.)

Chanukka: hebräisch für Einweihung; achttägiges Fest zum Gedenken an die Wiedereinweihung des Zweiten Tempels in Jerusalem 165 v.d.Z., an dem täglich ein weiteres Licht des achtarmigen Chanukka-Leuchters (s.u.) entzündet wird im Gedenken an das Lichtwunder, als das Öl eines Tages für weitere sieben Tage ausreichte; Beginn ist der 25. Tag des Monats Kislew (November/Dezember)

Chanukka-Leuchter/Chanukkia: achtarmiger Leuchter, oftmals mit einem zusätzlichen Schamasch (s.u.), mit dem zu Chanukka (s.o.) täglich eine weitere Kerze entzündet wird

Charedi (Pl. Chardim): Selbstbezeichnung eines ultraorthodoxen Juden

Chasan: hebräisch für Vorbeter, Kantor (s.u.); im orthodoxen Judentum sind es ausschließlich Männer, im liberalen auch Frauen

Chassid (Pl. Chassidim): hebräisch für Frommer; Angehöriger des Chassidismus (s.u.)

Chassidismus: jüdische Bewegung, die in der zweiten Hälfte des 18. Jahrhunderts in Osteuropa entstand und bestimmt ist von der strengen Einhaltung religiöser Regeln; chassidische Zentren sind heute neben Jerusalem vor allem New York, London und Antwerpen

Chawer (Pl. Chawerim): hebräisch für Freund, Kamerad

Cheder: hebräisch für Stube, Zimmer; traditionelle, religiös geprägte Elementarschule, meist nur für Jungen

Chewra Kadischa: Beerdigungsgesellschaft, die die Verstorbenen wäscht und in ein weißes Gewand kleidet sowie die Regularien des Begräbnis organisiert, das innerhalb von 24 Stunden sein sollte (außer am Schabbat, s.u., und an Feiertagen)

Chuppa: über vier Stangen gespannter Baldachin, unter dem die Rabbinerin oder der Rabbiner (s.u.) das Brautpaar traut; steht symbolisch für das Haus des Mannes, in das die Frau einzieht

Chuzpe: Frechheit, Dreistigkeit, auch anerkennend für Unerschrockenheit

DP Camps: Lager, die nach dem Zweiten Weltkrieg von den Alliierten eingerichtet wurden zur vorübergehenden, manchmal allerdings auch jahrelangen, Unterbringung von sogenannten DPs (Displaced Persons) – Zivilpersonen, die sich kriegsbedingt außerhalb ihres Heimatlandes aufhielten

Dreidel: vierseitiger kleiner Kreisel, mit dem Kinder an Chanukka (s.o.) meist um Süßigkeiten spielen

Drei-Tage-Jude/-Jüdin: (abwertende) Bezeichnung für Juden und Jüdinnen, die nur an den Hohen Feiertagen (s.u.) in die Synagoge (s.u.) gehen

ELES – Ernst Ludwig Ehrlich Studienwerk: 2009 gegründetes, in Berlin ansässiges Begabtenförderungswerk, das durch Stipendien jüdische Studierende und Promovierende unterstützt

Erez Israel: hebräisch für Land Israel; das in der Bibel dem jüdischen Volk von Gott verheißene Land; steht auch für Heiliges Land oder Gelobtes Land

Feststrauß: wird zu Sukkot (s.u.) gebunden und besteht aus den ›Vier Arten‹, die die Vegetation im biblischen Israel symbolisieren, wie die spezielle Zitrusfrucht (Etrog), Palmzweig (Lulav), Myrtenzweige (Hadassim) sowie Bachweidenzweige (Arawoth), die importiert werden

Gabbai: Vorsteher einer Synagogengemeinde

Galuth: Diaspora; jüdisches Leben außerhalb Israels

Gefilte Fisch: aus der aschkenasischen (s.o.) Küche stammendes Gericht auf der Basis von Karpfen, Hecht oder Weißfisch, das in verschiedenen Varianten traditionell an Schabbat (s.u.) und an Feiertagen serviert wird

Gemara: Ergänzungen, Erläuterungen, Auslegungen der Mischna (s.u.), mit der sie den Talmud (s.u.) bildet

Get: Scheidungsbrief, der von einem Schriftgelehrten verfasst und in Anwesenheit von Rabbinern (s.u.) und Zeugen von dem Mann an die Frau übergeben wird

Giur: Übertritt zum Judentum und die damit verbundene Bestätigung, die 613 Gebote und Verbote der Thora (s.u.) einzuhalten

Goj (Pl. Gojim): Nichtjude

Gut Shabbes: (jiddischer) Gruß am Freitagabend zu Beginn des Schabbat (s.u.)

Haggada (Pl. Haggadot): Buch, aus dem am Seder-Abend (s.u.) des Pessach-Festes (s.u.) die Geschichte des Auszuges der Israeliten aus der ägyptischen Gefangenschaft vorgelesen wird

Halacha: meist übersetzt als Jüdisches Gesetz; auf die Gebote der Thora (s.u.) basierende religiöse Normen, die für streng orthodoxe Juden als unabänderlich gelten, von liberalen Juden hingegen zwar als bindend, aber der Zeit angepasst betrachtet werden

Hachschara: hebräisch für Vorbereitung; in landwirtschaftlichen, handwerklichen und kulturellen Hachschara-Kursen wurden in den 1920er- und 1930er-Jahren deutsche und österreichische jüdische

Jugendliche vorbereitet auf ihre Auswanderung nach Palästina; 1941 lösten die Nationalsozialisten die Einrichtungen auf, die für manche dieser Gemeinschaften zu späteren Gründungen von Kibbuzim (s.u.) führten

HaShomer HaZa'ir: hebräisch für Der junge Wächter; 1913/14 in Galizien als Pfadfinder-Bewegung gegründet, heute die älteste noch aktive jüdische Jugendbewegung mit sozialistisch-zionistischer Ausrichtung

HaTikva: hebräisch für Die Hoffnung; vermutlich von dem Lyriker Naphtali Herz Imber 1878 geschriebenes, 1888 von dem Komponisten Samuel Cohen vertontes Gedicht, das 1897 von den Abgeordneten des Ersten Zionistenkongresses in Basel zu ihrer Hymne bestimmt und mit Gründung des Staates Israel 1948 zu dessen Nationalhymne erklärt wurde

Hohe Feiertage: Rosh HaShana (s.u.) im September/Oktober und zehn Tage darauffolgend Yom Kippur (s.u.)

IHRA-Definition: von der International Holocaust Remembrance Alliance (IHRA) formulierte Definition, die lautet: »Antisemitismus ist eine bestimmte Wahrnehmung von Jüdinnen und Juden, die sich als Hass gegenüber Jüdinnen und Juden ausdrücken kann. Der Antisemitismus richtet sich in Wort oder Tat gegen jüdische oder nichtjüdische Einzelpersonen und/oder deren Eigentum sowie gegen jüdische Gemeindeinstitutionen oder religiöse Einrichtungen.« Die deutsche Bundesregierung, die sie im September 2017 verabschiedete, hat sie erweitert um den Satz »Darüber hinaus kann auch der Staat Israel, der dabei als jüdisches Kollektiv verstanden wird, Ziel solcher Angriffe sein«.

(Erste/Zweite) **Intifada:** arabisch für Erhebung, Abschüttelung; Bezeichnung für einen im Dezember 1987 begonnenen Aufstand der Palästinenser, die insbesondere mit Steinen gegen israelische Soldaten und Siedler vorgingen, weshalb diese Erste Intifada, die im September 1993 endete, auch als Krieg der Steine bezeichnet wird; die Zweite Intifada wurde im September 2000 durch den Besuch des Politikers Ariel Sharon auf dem Jerusalemer Tempelberg ausgelöst, trägt deshalb den Namen Al-Aksa-Aufstand, und war bis zu ihrem Ende im Februar 2005 geprägt von Selbstmordattentaten

Investitur: Einführung in ein (geistliches) Amt, in diesem Fall das der Kantorin

Ivrit: Neuhebräisch; semitische Sprache und Amtssprache Israels

Jahrzeit: Gedenktag, an dem sich der Todestag eines nahestehenden Verwandten jährt

JCC – Jewish Claims Conference beziehungsweise **The Conference on Jewish Material Claims Against Germany:** 1951 gegründeter, in New York ansässiger Zusammenschluss internationaler jüdischer Organisationen mit dem Ziel, Entschädigungsansprüche jüdischer Opfer des Nationalsozialismus zu vertreten

JDC – American Jewish Joint Distribution Committee: ursprünglich zur Unterstützung jüdischer Opfer des Ersten Weltkrieges 1914 von amerikanischen Juden gegründete Wohlfahrtsorganisation; heute die weltweit wichtigste jüdische Hilfsorganisation

Jecke (Pl. Jeckes): anfangs spöttische, später respektvolle Bezeichnung deutschsprachiger Palästina-Immigranten der 1930er- und 1940er-Jahre, die in der Folgezeit wie keine andere Einwanderungsgruppe das Land prägte

Jeschiwa (Pl. Jeschiwot): jüdisches Lehrhaus, Hochschule, in der angehende Rabbinerinnen und Rabbiner (s.u.) im Studium des Talmud (s.u.) ausgebildet werden

(The) **Jewish Agency for Israel:** hebräisch HaSochnut; 1929 auf dem 16. Zionistenkongress gegründete Vertretung der Juden und somit auch während der britischen Mandatszeit (April 1920 bis Mai 1948) verantwortlich für die in Palästina lebenden Juden; heute offizielle Einwanderungsorganisation Israels

Jewrovision: Europas größter jüdischer Musikwettbewerb mit etwa 1.200 Jugendlichen, der seit 2013 jährlich vom Zentralrat der Juden (s.u.) nach dem Vorbild des Eurovision Song Contest ausgerichtet wird

Jiddisch: Sprache der Aschkenasim (s.o.)

Jischuw: Bezeichnung der ursprünglichen jüdischen Bevölkerung Palästinas vor der Gründung Israels 1948

JNF-KKL – Jüdischer Nationalfonds Keren Kayemeth LeIsrael: 1901 in Basel gegründete Organisation, die bis zur Staatsgründung 1948 durch weltweite Spenden Landerwerb für jüdische Siedler im britischen Mandatsgebiet finanzierte; heute Israels größte Umweltorganisation mit dem Schwerpunkt Kultivierung des Landes

Jüdischer Kalender: gezählt werden die Jahre ab dem Zeitpunkt der Schöpfung der Welt, die nach den biblischen Chroniken auf das Jahr 3761 v.d.Z. fällt, sodass beispielsweise an Rosh HaShana (s.u.) am 25. September 2022 des gregorianischen Kalenders das Jahr 5783 begann

Kaddish: Lobpreisung Gottes und eines der wichtigsten Gebete, das vor allem zum Totengedenken rezitiert wird; nach einem Todesfall spricht es der nächste (männliche) Angehörige

Kantor/Kantorin: Vorbeter/Vorbeterin und Vorsänger/Vorsängerin in der Synagoge (s.u.)

Kaschrut: Reinheitsgebote, die die für Juden erlaubten Speisen definieren

Kehilla: jüdische Gemeinde

Keshet Deutschland e.V.: 2018 gegründeter Verein, der sich für die Rechte und den Umgang mit jüdischen LGBTIQ*-Personen einsetzt

Ketuba: hebräisch für Geschriebenes; Vertrag, der die Rechte und Pflichten der Ehepartner festhält sowie (früher) auch die Summe, die der Mann im Falle einer Scheidung zu zahlen hat

Kibbuz (Pl. Kibbuzim): hebräisch für Sammlung, Versammlung; ländliche Kollektivsiedlung in Palästina beziehungsweise Israel mit gemeinsamem Eigentum und basisdemokratischer Struktur; der erste Kibbuz, Degania, wurde 1910 von Zionisten (s.u.) aus Weißrussland am See Genezareth gegründet und diente als Vorbild für weitere etwa 270, die eine entscheidende Rolle bei der jüdischen Besiedlung Israels spielten

Kibbuznik (Pl. Kibbuzniks): Mitglied eines Kibbuz (s.o.)

Kiddusch: hebräisch für Heiligung; Segen über einen Becher Wein (Kidduschbecher) zu Beginn des Schabbats (s.u.) oder eines Feiertages

Kippa (Pl. Kippot): hebräisch für Kappe, Käppchen (jiddisch Yarmulke); kleine kreisförmige Kopfbedeckung, die von religiösen männlichen Juden getragen wird; als Symbol der Gottesfurcht vorgeschrieben bei Segenssprüchen, Gebeten und dem Lesen religiöser Schriften

Kol Nidre: von der Kantorin/dem Kantor (s.o.) gesungene Anfangsworte vor dem Gebet, mit dem in der Synagoge (s.u.) Yom Kippur (s.u.) eingeleitet wird

Kontingentflüchtlinge: zwischen 1991 und 2005 aus der Sowjetunion immigrierte Jüdinnen und Juden, durch die insbesondere kleine Gemeinden in Deutschland neu belebt wurden

Koscher: rein, geeignet, Gegensatz zu treife (s.u.); bezieht sich auf Gegenstände, Handlungen und vor allem auf Lebensmittel und die Art ihrer Zubereitung sowie auf die Trennung von Fleisch und Milchprodukten; orthodoxe Juden verfügen deshalb über unterschiedliches Besteck, Geschirr und Töpfe sowie Kühlschränke und Herde

Kotel: hebräische Bezeichnung der Klagemauer in Jerusalem

Krav Maga: hebräisch für Kontakt-Kampf; von dem im heutigen Bratislava geborenen und 1942 in Palästina eingewanderten Ringer Imrich Lichtenfeld, später Imi Sde-Or (1910-98), entwickelte Methode der Selbstverteidigung, die in rund 50 Ländern bei Polizei, Sicherheitsfirmen und im Privatbereich eingesetzt wird

Kubbe: Grießbällchen mit Hackfleisch-Füllung, in diesem Fall in einer Rote-Bete-Suppe

Ladino: romanische Sprache der Sephardim (s.u.)

L'Chaim: hebräisch für Auf das Leben!; Trinkspruch

M16: in Amerika in den 1960er-Jahren entwickeltes Sturmgewehr

Maccabi/Makkabi: 1921 gegründeter jüdischer Sportverein mit Sitz in Berlin, der 1933 nach London und später nach Frankfurt am Main verlegt wurde

Maccabiah: größter internationaler jüdischer Sportwettbewerb und nach Olympischen und Paralympischen Spielen der drittgrößte weltweit; findet im Vier-Jahre-Rhythmus in Israel statt und im selben Turnus, um zwei Jahre versetzt, in einer kleineren Version in Europa; an der ersten Maccabiah, 1932 in Tel Aviv, nahmen 390 Sportler aus 14 Ländern teil, 2022 waren es über 10.000 aus 80 Ländern

Machane (Pl. Machanot): von der Zentralwohlfahrtsstelle der Juden in Deutschland (s.u.) organisierte Ferienfreizeit für Kinder und Jugendliche

Madrich/Madricha: ausgebildete/r Betreuer/Betreuerin in der jüdischen Gemeinschaft beziehungsweise in Jugendzentren und bei Ferienfreizeiten

Magen David: hebräisch für Schild Davids; Hexagramm, das durch zwei ineinander verschränkte gleichschenklige Dreiecke gebildet wird und so einen sechszackigen Stern darstellt, der als Symbol des Judentums und des Volkes Israel gilt sowie das Emblem der Nationalflagge ist

Marranen/Marranos: (Negativ-)Bezeichnung für sephardische Juden, die sich im 15. Jahrhundert in Spanien und Portugal unter Druck zum Christentum bekennen mussten

Masada: etwa 40-30 v.d.Z. von König Herodes erbaute Festung südlich des Toten Meeres, in der sich 66-73 n.d.Z. jüdische Rebellen gegen römische Besatzer verschanzten; als ihre Lage aussichtslos wurde, entzogen sich die 960 Männer, Frauen und Kinder ihrer Gefangennahme durch Suizid; gilt als das Symbol des jüdischen Freiheits- und Selbstbehauptungswillens und wurde 2001 zum UNESCO-Weltkulturerbe erklärt

Masel tov: hebräisch für Gut Glück; steht für Viel Glück oder Viel Erfolg

Masorti: hebräisch für Tradition; Denomination des Judentums zwischen Reform und Orthodoxie, die in der zweiten Hälfte des 19. Jahrhunderts in Deutschland entstand

Mazze (Pl. Mazzot): ungesäuertes dünnes Brot, das zu Pessach (s.u.) gegessen wird; hergestellt aus Wasser und Getreide, aber ohne Treibmittel, soll es an den überstürzten Auszug der Israeliten aus Ägypten erinnern, bei dem die Zeit nicht reichte für das Säuern des Teiges

Meet a Jew: Projekt des Zentralrats der Juden in Deutschland (s.u.), durch das ehrenamtliche jüdische Jugendliche und Erwachsene an nichtjüdische Organisationen oder Institutionen vermittelt werden, um sie in persönlichen Begegnungen Fragen zum Judentum beantworten zu lassen

Menora: siebenarmiger Leuchter, der die Schöpfung der Welt in sieben Tagen symbolisiert, wobei der mittlere Arm für den Schabbat (s.u.) steht

Mesusa (Pl. Mesusot): Metall- oder Holzhülse, die das auf Pergament geschriebene Schma Jisrael (s.u.) enthält; wird am Türpfosten eines Hauses/Raumes angebracht und bezeugt, dass sich der Bewohner der jüdischen Tradition verpflichtet fühlt

Midrasch: hebräisch für Forschung; Auslegung des Alten Testaments anhand eines Textabschnittes

Mikwe (Pl. Mikwot): Tauchbad in einer jüdischen Gemeinde, das überwiegend Wasser aus natürlicher Quelle (Fluss/Regen) enthält; dient der rituellen Reinigung und wird besucht vor Feiertagen und von Frauen nach der Menstruation sowie generell nach dem Giur (s.o.)

Minjan: Quorum aus mindestens zehn jüdischen Männern (in liberalen Gemeinden können es auch Frauen sein), das nötig ist, um alle Gebete eines Gottesdienstes sprechen zu können

Mishpacha: hebräisch (jiddisch Mishpoche) für Familie

Mischna: ursprünglich mündlich überlieferte Gesetze und Regeln für das jüdische Leben; bildet mit der kommentierenden Gemara (s.o.) den Talmud (s.u.)

Mizrachi (Pl. Mizrachim): orientalische Juden der Länder des Nahen Ostens und Nordafrikas, die größtenteils nach der Proklamation des Staates Israel und den darauf folgenden Übergriffen der arabischen Bevölkerung ihre Heimatländer verließen und mehrheitlich nach Israel gingen

Mizwa (Pl. Mizwot): hebräisch für Vorschrift, zu deren Erfüllung ein religiöser Jude verpflichtet ist; in der Thora (s.u.) findet sich eine Aufzählung der 613 zu befolgenden Mizwot, die sich in 365 Verbote und 248 Gebote aufteilen

Mohel: fachlich wie religiös ausgebildete Person, die berechtigt ist, eine Brit Mila (s.o.) vorzunehmen

Nevatim: 2012 gegründetes Programm der Jewish Agency for Israel (s.o.), das junge Erwachsene fördert, die durch Projekte und Initiativen jüdisches Leben in Deutschland sichtbar machen wollen

Ofek: 2017 gegründete bundesweite Beratungsstelle für Opfer antisemitischer Übergriffe

Oleh (Pl. Olim): jüdischer Einwanderer in Israel

Olympia-Attentat: während der Olympischen Spiele in München überfielen am 5. September 1972 Mitglieder der palästinensischen Terrororganisation Schwarzer September israelische Sportler und töteten elf von ihnen sowie einen deutschen Polizisten

Parve: Bezeichnung für Lebensmittel, die weder milchig noch fleischig und somit neutral sind, wie Früchte, Gemüse und Getreide

Pessach: zentrales Fest des Judentums, das an die Befreiung aus der ägyptischen Sklaverei erinnert; wird begangen vom 15. bis 22. des Monats Nissan (März/April) und eingeleitet durch den Sederabend (s.u.), an dem aus der Haggada (s.o.) Texte zum Auszug aus Ägypten vorgelesen werden; zu den Vorschriften gehört, dass alles Gesäuerte (Chamez, s.o), also Getreideprodukte, zuvor aus dem Haus entfernt sein müssen

Purim: Festtag, der am 14. des Monats Adar (Februar/März) gefeiert wird, um an die Rettung der persischen Juden vor ihrer geplanten Ausrottung durch den König und seinen Statthalter Haman zu erinnern; in der Synagoge (s.u.) wird das Buch Esther gelesen, begleitet von Lärm bei jeder Nennung des Hamans; ähnlich wie im Karneval ist Verkleiden ebenso üblich wie ausgiebiges Trinken

Rabbiner/Rabbinerin: geistliches Oberhaupt und moralische Autorität einer jüdischen Gemeinde; das Ausüben des Rabbinatsamtes setzt die Ausbildung in einer Jeschiwa (s.o.) voraus

Rebbetzin: Ehefrau eines Rabbiners (s.o)

RIAS – (Die) **Recherche- und Informationsstelle Antisemitismus:** 2018 in Berlin gegründetes bundesweites Meldesystem zur Erfassung und Dokumentation antisemitischer Vorfälle

Rosh HaShana: hebräisch für Haupt des Jahres; Neujahrstag, der auf den ersten Tag des Monats Tishri (September/Oktober) fällt und mit dem zehn Tage später folgenden Versöhnungstag Yom Kippur (s.u.) die Hohen Feiertage (s.o.) bildet; es ist der Tag, an dem der Mensch Rechenschaft ablegt, und um die Feierlichkeit zu betonen, schmücken viele Gemeinden ihre Synagoge (s.u.) in Weiß, und auch die Beterinnen und Beter tragen Weiß

Sabre (Pl. Sabres): hebräisch für Kaktusfeige; Bezeichnung für die im Land geborenen jüdischen Israelis, die als außen stachelig, aber mit weichem Kern beschrieben werden

Schabbat: siebenter Tag der Woche; Ruhetag, der am Freitagabend mit der Dämmerung beginnt und am Samstagabend mit dem Sonnenuntergang endet; zu den 39 an diesem Tag verbotenen Tätigkeiten zählen Hausarbeit und Handwerken, aber auch Rauchen (Feuer machen) und Sport

Schadchan/Schadchanit: Vermittler/Vermittlerin, der/die in der ultraorthodoxen Gemeinschaft Heiratswilligen eine/n passende/n Partner/Partnerin sucht mit dem Ziel, sie zu einem ersten Schidduch (s.u.) zusammenzuführen

Schamasch: hebräisch für Diener (jiddisch Schammes); Mitarbeiter einer Synagoge (s.u.), der die Schlüsselgewalt innehat; gleichzeitig auch die Bezeichnung der neunten Kerze des Chanukka-Leuchters (s.o.), mit dem die anderen Kerzen angezündet werden

Schawuot: Fest, das anlässlich des Empfangens der Zehn Gebote am Berg Sinai 50 Tage nach Pessach (s.o.) gefeiert wird und auch als Erntedankfest gilt

Schechita: hebräisch für Schächten; rituell vorgeschriebene Art des Schlachtens durch einen ausgebildeten Schochet (s.u.), bei der mit einem einzigen Schnitt die Hauptarterie durchtrennt wird, damit das Tier rasch bewusstlos wird und ausblutet

Scheitel: Perücke, die eine verheiratete strenggläubige Jüdin trägt, da die Thora (s.u.) das Bedecken des Haares vorschreibt, was auch durch ein Tuch oder einen Hut geschehen kann

Schidduch: hebräisch für Vorstellen, Verhandeln; arrangiertes Treffen zweier heiratswilliger ultraorthodoxer Juden; da in der Orthodoxie Mädchen und Jungen weitgehend getrennt aufwachsen, gibt es für sie kaum Möglichkeiten des Kennenlernens, deshalb vermitteln Eltern oder Schadchanit/Schadchan (s.o.) dieses Zusammenkommen

Schiwa: hebräisch für Sieben; nach einem Begräbnis, das innerhalb von 24 Stunden stattfindet, aber nicht an Schabbat oder einem Feiertag, folgt eine siebentägige Trauerphase; bei der Beerdigung reißen Angehörige als Zeichen der Trauer ihre Kleidung auf Brusthöhe ein, im Trauerhaus nehmen sie auf niedrigen Stühlen Platz – Schiwa sitzen – als Erinnerung an die Zeit, als Trauernde auf dem Boden saßen; Männer rasieren sich nicht, Spiegel werden verhängt und Tätigkeiten im Haushalt vermieden

Schma Jisrael, Adonaj Elohejnu, Adonaj Echad: hebräisch für Höre, Israel, der Ewige ist unser Gott, der Ewige ist einzig; jüdisches Glaubensbekenntnis, das auf Pergament geschrieben auch in Mesusa (s.o.) und Tefillin (s.u.) enthalten ist

Schochet: hebräisch für Schächter, der mittels eines schnellen Schnittes durch die Hauptschlagader das Tier tötet; nur auf diese Weise geschlachtete Tiere gelten als koscher (s.o.)

Schofar: aus Widder- oder Kuduhorn gefertigtes Blasinstrument, das laut Gebot der Thora (s.u.) zu Rosh HaShana (s.o.) geblasen wird

SchUM: Akronym aus den mittelalterlichen hebräischen Städtenamen Schpira (Speyer), Warmaisa (Worms) und Magenza (Mainz), deren Gemeinden seit dem 12. Jahrhundert einen Verbund bildeten und als wichtige Zentren jüdischen Lebens galten; 2021 wurden sie zum UNESCO-Weltkulturerbe ernannt

Sechs-Tage-Krieg: am 5. Juni 1967 von Israel als Präventivschlag begonnener Krieg gegen Ägypten; die darauffolgenden Angriffe von Jordanien und Syrien schlug Israel zurück und nahm zudem Ostjerusalem, den Gaza-Streifen, den Sinai, Judäa und Samaria (Westjordanland) sowie die Golanhöhen ein; endete am 10. Juni 1967 mit einem Waffenstillstand

Seder(abend): hebräisch für Ordnung; Beginn des Pessach-Festes (s.o.), an dem aus der Haggada (s.o.) die Geschichte des Auszuges der Israeliten aus der ägyptischen Gefangenschaft vorgelesen wird; zu der vielstündigen Zeremonie des Abends gehört ein Festmahl mit vorgeschriebenen Speisen auf dem Sederteller (s.u.)

Sederteller: spezieller Teller mit Vertiefungen für die neben Mazzot (s.o.) symbolischen Speisen des Sederabends (s.o.); Bitterkraut (Meerrettich) und Lattich oder Romanasalat stehen für das Bittere der Sklaverei, gekochtes Ei steht sowohl für das dargebrachte Opfertier im Tempel als auch als Zeichen der Trauer über dessen Verlust, Knochen vom Huhn für das beim Auszug der Israeliten geopferte Lamm, rohes Gemüse für die harte Landarbeit in der Gefangenschaft (getaucht in Salzwasser, das Tränen symbolisiert) sowie Chasserot, eine Süßspeise, die für Lehm steht, aus dem die Gefangenen Ziegel herstellen mussten

Sefer Thora: Thora-Rolle; auf zwei Holzstäbe gewickeltes Pergament, das handgeschrieben in hebräischen Buchstaben die Thora (s.u.) enthält und geschützt durch einen bestickten Mantel aus Seide oder Samt im Thora-Schrein aufbewahrt wird; gelesen wird sie mithilfe des Yad (s.u.)

Seligen Angedenkens: üblicherweise abgekürzt als sel. A. hinter dem Namen eines Verstorbenen stehend

Sepharde (Pl. Sephardim): ehemals in Portugal und Spanien ansässiger Jude, der sich nach seiner Vertreibung sowohl im Osmanischen Reich und dem Maghreb als auch vereinzelt in Städten Nordeuropas (Amsterdam und Hamburg) niederließ; in seiner Religionsausübung unterscheidet er sich von dem Aschkenasen (s.o.)

(USC) **Shoah Foundation – The Institute for Visual History and Education:** 1994 von dem amerikanischen Regisseur Steven Spielberg gegründetes, heute an der University of Southern California angesiedeltes Institut, das etwa 55.000 audiovisuelle Aussagen von Zeitzeugen des Holocaust aus 65 Ländern speichert

Shul: im aschkenasischen (s.o.) Judentum Bezeichnung für Synagoge (s.u.), da in ihr auch gelehrt und gelernt wird

Shtetl: jiddisch für Städtchen; Siedlung, Dorf oder Kleinstadt mit hohem jüdischen Bevölkerungsanteil in Osteuropa vor dem Zweiten Weltkrieg

Siddur: Gebetbuch für den Alltag und den Schabbat (s.o.)

Simchat Thora: Fest der Freude zum Ende von Sukkot (s. u.), an dem der jährliche Zyklus der Lesung der Thora (s.u.) abgeschlossen ist und wieder von vorn beginnt; in einer Prozession wird die Thora-Rolle (Sefer Thora, s.o.) durch die Synagoge getragen und die Kinder werden mit Süßigkeiten beschenkt

Sukka: Laubhütte, die an die notdürftigen Behausungen der Israeliten nach ihrem Auszug aus Ägypten erinnert; sie steht im Freien und wird errichtet aus Ästen, Stroh, Laub oder Bambusmatten

Sukkot: Laubhüttenfest, das am 15. des Monats Tischri (September/Oktober) beginnt und nach sieben Tagen, in der Diaspora nach neun Tagen, endet mit Simchat Thora (s.o.); um an die Wanderschaft der Israeliten durch die Wüste zu erinnern, wird die Zeit in einer Sukka (s.o.) verbracht; als Dank für die reichen Gaben der Natur gilt der für die Gebete wichtige Feststrauß (s.o.)

Synagoge: Gebetsstätte; in traditionellen Synagogen ist der Hauptraum männlichen Betern vorbehalten, während Frauen hinter einem Vorhang oder auf einer Empore sitzen; in liberaleren Synagogen gilt diese Trennung nicht

Taglit – Birthright Israel: 1999 gegründetes Programm für junge Juden der Diaspora, durch eine zehntägige kostenlose Reise nach Israel das Land kennenzulernen, um ihre jüdische Identität zu stärken und sich eventuell für die Immigration zu entscheiden

Tallit (Pl. Tallitot): Gebetsschal; viereckiges Tuch, an dessen Ecken lange, mehrfach geknotete Schaufäden (Zizit, s.u.) den Gläubigen an die Einhaltung der Gebote Gottes erinnern sollen; wird insbesondere beim Morgengebet angelegt

Talmud: hebräisch für Belehrung, Lehre; beinhaltet die Mischna (s.o.) als Kernstück und die Gemara (s.o.) als ihre Erläuterung

Tanach: Bibeltexte, die bindend für die jüdische Religion sind; besteht aus den drei Teilen Thora (s.u., Unterweisung), Nevi'im (Propheten) und Ketuvim (Schriften)

Tefillin: Lederriemen, an denen quadratische Kapseln befestigt sind, die auf Pergament geschriebene Thora-Abschnitte (s.u.) enthalten; getragen von religionsmündigen männlichen Juden (ab dem 13. Lebensjahr) um Stirn und linken Arm während des Morgengebets; im liberalen Judentum legen auch Frauen die Gebetsriemen

Tempel: Bezeichnung für Synagoge (s.o.) im Reformjudentum

Thora: hebräisch für Lehre, Gesetz; bezeichnet die fünf Bücher Mose und ist Teil der hebräischen Bibel; ihre 54 Abschnitte werden im Verlauf eines Jahres während der Gottesdienste zum Schabbat (s.o.) vorgelesen; sie enthält 613 Vorschriften (Mizwot, s.o.), bestehend aus 248 Geboten und 365 Verboten

Tikkun Olam: hebräisch für Reparatur, Verbesserung der Welt; einer der wichtigsten Grundsätze des Judentums

Treife: Gegensatz zu koscher; bezieht sich auf rituell nicht erlaubte Speisen

Ulpan (Pl. Ulpanim): Bezeichnung sowohl für einen intensiven Hebräischkurs als auch für eine ihn durchführende Schule

Unabhängigkeitskrieg: arabisch-israelischer Krieg, ausgelöst am 15. Mai 1948 durch die Angriffe von Ägypten, Transjordanien, Syrien, Libanon und Irak als Reaktion auf die einen Tag zuvor erfolgte Proklamation des Staates Israel; endete zwischen Februar und Juli 1949 durch Waffenstillstandsverträge mit Ägypten, Libanon, Transjordanien und Syrien, nicht aber mit dem Irak

Vaterjude/Vaterjüdin: Person mit einem jüdischen Vater und einer nichtjüdischen Mutter; da im Judentum das matrilineare Abstammungsprinzip gilt, ist nach der Halacha (s.o.) nur als Jude anerkannt, wer eine jüdische Mutter hat oder konvertiert ist

West-Eastern Divan Orchestra: 1999 von dem israelischen Dirigenten und Pianisten Daniel Barenboim und dem palästinensischen Autor und Literaturwissenschaftler Edward W. Said gegründetes Symphonieorchester, dessen Musiker aus dem Nahen Osten stammen

WIZO – Women's International Zionist Organisation: 1920 in Großbritannien gegründete, karitativ tätige Organisation; mit 250.000 Mitgliedern in 50 Ländern die weltweit größte Frauenorganisation

WJC – World Jewish Congress: 1936 in Genf gegründete internationale Vereinigung, die die politischen Belange jüdischer Organisationen in der Diaspora vertritt; Hauptsitz ist heute New York

WUPJ – (The) World Union for Progressive Judaism: 1926 in London gegründete Bewegung, die sich für eine zeitgemäße Ausprägung der jüdischen Religion einsetzt; auf ihrem ersten Kongress, 1928 in Berlin, wurde das Reformjudentum etabliert; heute ein Netzwerk mit Hauptsitz in Jerusalem für etwa 1,8 Millionen Mitglieder jüdischer Gemeinden in über 50 Ländern

WZO – Zionistische Weltorganisation: 1897 auf Initiative von Theodor Herzl in Basel gegründet, mit der wesentlichen Aussage, dass der Zionismus (s.o.) die Schaffung einer öffentlich-rechtlich gesicherten Heimstätte für Juden anstrebt

Yad: meist silberner Stab mit einer kleinen Hand, deren Zeigefinger ausgestreckt ist, um bei der Lesung der Thora (s. o.) auf die Textstellen zu deuten, da die Schriftrolle als heilig gilt und nicht mit den Händen berührt werden soll

Yad Vashem: 1953 in Jerusalem eröffnete Gedenkstätte der Märtyrer und Helden des Staates Israel im Holocaust; weltweit größte Gedenkstätte, die an die nationalsozialistische Vernichtung der Juden erinnert und diese wissenschaftlich dokumentiert

Yerushalayim: hebräisch für Jerusalem

Yom HaShoa: 1959 mit dem Gesetz zum Tag des Gedenkens an die Opfer der Shoa und des Heldentums der jüdischen Untergrundkämpfer festgelegter Nationalfeiertag, der am 27. des Monats Nissan (März/April) begangen wird; in Yad Vashem (s.o.) werden sechs Fackeln entzündet, symbolisch für die sechs Millionen ermordeten Juden; am Morgen lässt ein zweiminütiger Sirenenton landesweit das öffentliche Leben stillstehen

Yom Kippur: hebräisch für Tag der Sühne; der Versöhnungstag, der auf den 10. Tischri (September/Oktober) fällt, bildet mit dem zehn Tage zuvor begangenen Neujahrsfest Rosh HaShana (s.o.) die Hohen Feiertage (s.o.); gläubige, aber auch viele säkulare Juden fasten für etwa 25 Stunden und beten um Vergebung der Sünden

Yom-Kippur-Krieg: arabisch-israelischer Krieg, der am 6. Oktober 1973 mit einem Angriff Syriens und Ägyptens auf den Sinai und die Golanhöhen begann und Israel am höchsten Feiertag Yom Kippur (s.o.) unvorbereitet traf; endete am 25. Oktober 1973 mit einem Waffenstillstand

Yom Yerushalayim: am 12. Mai 1968 beschlossener, aber erst am 23. März 1998 per Gesetz festgelegter Feiertag, der am 28. Ijar (April/Mai) unter Berufung auf das Jerusalem-Gesetz, in dem die Stadt zur Hauptstadt Israels erklärt wurde, gefeiert wird anlässlich der Wiedervereinigung Jerusalems nach dem Sechs-Tage-Krieg (s.o.)

Zahal: hebräisches Akronym für die Israelischen Verteidigungsstreitkräfte, auch IDF (Israel Defense Forces) genannt; wurde 1948 nach der Proklamation des Staates Israel gegründet und ging zu großen Teilen aus Untergrundorganisationen hervor, die gegen die britische Mandatsmacht gekämpft hatten

Zedaka: hebräisch für Gerechtigkeit; religiöse Verpflichtung zum wohltätigen Handeln

Zentralrat der Juden in Deutschland: 1950 in Frankfurt am Main gegründeter Dachverband der jüdischen Gemeinden in Deutschland, dessen Sitz 1999 nach Berlin verlegt wurde; heute vertritt er über 100 Gemeinden mit insgesamt etwa 100.000 Mitgliedern

Zionismus: internationale Bewegung, deren Begründer Theodor Herzl (1860-1904) 1897 in Basel auf dem Ersten Zionistenkongress formulierte: »Der Zionismus strebt die Schaffung einer öffentlich-rechtlich gesicherten Heimstätte für diejenigen Juden an, die sich in ihren jetzigen Wohnorten nicht assimilieren können oder wollen.«

Zionist: Anhänger des Zionismus (s.o.)

Zizit: lange weiße (manchmal auch teilweise hellblaue) Schaufäden an den vier Ecken des Tallits (s.o.), die, zur Erinnerung an die Einhaltung der 613 Ge- und Verbote, mehrfach geknotet sind

ZJD – Zionistische Jugend in Deutschland: 1960 gegründeter Jugendverband, der seinen Mitgliedern den Staat Israel nahebringt mit dem Ziel der Immigration

ZWST – Zentralwohlfahrtsstelle der Juden in Deutschland: 1917 in Berlin als Dachverband der sozialen jüdischen Einrichtungen und Wohlfahrtsorganisationen gegründet; 1939 durch die Nationalsozialisten aufgelöst, 1951 in Frankfurt am Main neugegründet

Quellen und Literatur

Anusiewicz-Baer, Sandra/Dämmig, Lara: Jung und jüdisch in der DDR, Berlin 2021

Baddiel, David: Und die Juden?, München 2022

Ben Salomo: Ben Salomo bedeutet Sohn des Friedens, München 2019

Bodemann, Y. Michal/Brumlik, Micha (Hg.): Juden in Deutschland – Deutschland in den Juden. Neue Perspektiven, Göttingen 2010

Brenner, Michael (Hg.): Geschichte der Juden in Deutschland von 1945 bis zur Gegenwart. Politik, Kultur und Gesellschaft, München 2012

Cohen, Laura/Otten, Thomas/Twiehaus, Christiane: Jüdische Geschichte und Gegenwart in Deutschland, Oppenheim 2021

Der Spiegel – Geschichte: Jüdisches Leben in Deutschland. Die unbekannte Welt nebenan, Hamburg 2019

Donin, Chajim Halevy: Jüdisches Leben. Eine Einführung zum jüdischen Wandel in der modernen Welt, Basel 1987

Frenk, Marina: Ewig her und gar nicht wahr, Berlin 2020

Gorelik, Lena: Wer wir sind, Reinbek 2021

Goren, Ilan: Wo bist du, Motek? Ein Israeli in Berlin, Berlin 2013

Gotzman, Andreas/Körber, Karen: Lebenswirklichkeiten. Russischsprachige Juden in der deutschen Einwanderungsgesellschaft, Göttingen 2021

HaGalil – Grundbegriffe im Judentum: www.hagalil.com.de

Havemann, Eliyah/Weisband, Marina: Frag uns doch! Eine Jüdin und ein Jude erzählen aus ihrem Leben, Frankfurt am Main 2021

Herlich, Rafael (Fotos) / Kiesel, Doron (Texte): Weiterleben – Weitergeben. Jüdisches Leben in Deutschland, Köln 2009

Jüdische Allgemeine: www.juedische-allgemeine.de

Jüdische Allgemeine: 1700 Jahre Jüdisches Leben in Deutschland, Berlin 2021

Jungmann, Alexander: Jüdisches Leben in Berlin. Der aktuelle Wandel in einer metropolitanen Diasporagemeinschaft, Bielefeld 2007

Kapitelman, Dmitrij: Das Lächeln meines unsichtbaren Vaters, Berlin 2016

Kreisler, Sandra: Jude sein. Ansichten über das Leben in der Diaspora, Berlin/Leipzig 2021

Kron, Norbert/Shalev, Amichai (Hg.): Wir vergessen nicht, wir gehen tanzen. Israelische und deutsche Autoren schreiben über das andere Land, Frankfurt am Main 2015

Kupferberg, Shelly: Isidor. Ein jüdisches Leben, Zürich 2022

Lau, Israel M.: Wie Juden leben. Glaube, Alltag, Feste, Gütersloh 2005

Longerich, Peter: Antisemitismus. Eine deutsche Geschichte, München 2021

Meyer, Thomas: Was soll an meiner Nase bitte jüdisch sein?, Zürich 2021

Mounk, Yascha: Echt, du bist Jude? Fremd im eigenen Land, Zürich 2015

Nachama, Andreas/Homolka, Walter/Bomhoff, Hartmut: Basiswissen Judentum, Freiburg im Breisgau 2015

Nocke, Alexandra/Schäfer, Teresa (Hg.): Israelis & Deutsche, Berlin 2015

Oz, Amos/Oz-Salzberger, Fania: Juden und Worte, Berlin 2020

Oz-Salzberger, Fania: Israelis in Berlin, Frankfurt am Main 2001

Polak, Oliver: Gegen Judenhass, Berlin 2018

Ranan, David: Die Schatten der Vergangenheit sind noch lang. Junge Juden über ihr Leben in Deutschland, Berlin 2014

Salzmann, Sasha Marianna: Im Menschen muss alles herrlich sein, Berlin 2021

Schäfer, Peter: Kurze Geschichte des Antisemitismus, München 2020

Schoeps, Julius (Hg.): Neues Lexikon des Judentums, Gütersloh 2000

Seltmann, Uwe von: Wir sind da! 1700 Jahre jüdisches Leben in Deutschland, Erlangen 2021

Steinke, Ronen: Terror gegen Juden. Wie antisemitische Gewalt erstarkt und der Staat versagt, Berlin 2020

Treuenfeld, Andrea von: Erben des Holocaust. Leben zwischen Schweigen und Erinnerung, Gütersloh 2017

Treuenfeld, Andrea von: Leben mit Auschwitz. Momente der Geschichte und Erfahrungen der dritten Generation, Gütersloh 2020

Ufferfilge, Levi Israel: Nicht ohne meine Kippa! Mein Alltag in Deutschland zwischen Klischees und Antisemitismus, Stuttgart 2021

Volkov, Shulamit: Deutschland aus jüdischer Sicht. Eine andere Geschichte, München 2022

Wittmann, Ingrid (Hg.): Jüdisches Leben in Deutschland, Frankfurt am Main 1999

Wolffsohn, Michael: Eine andere Jüdische Weltgeschichte, Freiburg im Breisgau 2022

Ydit, Meir: Kurze Judentumkunde für Schule und Selbststudium, Berlin 2018

Zentralrat der Juden in Deutschland: www.zentralratderjuden.de

Sollte diese Publikation Links auf Webseiten Dritter enthalten, so übernehmen wir für deren Inhalte keine Haftung, da wir uns diese nicht zu eigen machen, sondern lediglich auf deren Stand zum Zeitpunkt der Erstveröffentlichung verweisen.

FSC www.fsc.org MIX Papier | Fördert gute Waldnutzung FSC® C014496

Klimaneutral* Druckprodukt ClimatePartner.com/14044-1912-1001

Penguin Random House Verlagsgruppe FSC® N001967

1. Auflage

Umschlagmotive: Menora © XiaImages – iStockphoto.com
Hintergrund © Lyubov Smirnova – iStockphoto.com
Druck und Bindung: GGP Media GmbH, Pößneck
Printed in Germany
ISBN 978-3-579-06283-9
www.gtvh.de